탐구력을 키워주는
즐깨감 과학일기

와이즈만 영재학습법
사고력을 키워주는 즐깨감 과학일기

1판 1쇄 발행 2011년 7월 22일
1판 4쇄 발행 2013년 4월 19일

서지원 글 l 우지현 그림

발행처 l (주)창의와탐구
발행인 l 임국진
편집인 l 염만숙
출판사업본부장 l 홍장희
편집장 l 김현정 편집 l 김정실 허선영
디자인 l 박영미
마케팅 l 김한식 김혜원 전혜선

출판등록 l 1998년 7월 23일 제22-1334
주소 l 서울특별시 서초구 방배3동 489-4 나노빌딩 3층
전화 l 마케팅 02-2033-8987 편집 02-2033-8928
팩스 l 02-3474-1411
전자우편 l books@askwhy.co.kr
홈페이지 l books.askwhy.co.kr

저작권자ⓒ2011 (주)창의와탐구, 서지원
이 책의 저작권은 (주)창의와탐구와 서지원에게 있습니다.
저자와 출판사의 허락 없이 내용의 일부를 인용하거나 발췌하는 것을 금합니다.

와이즈만 영재학습법

탐구력을 키워주는
즐깨감 과학일기

서지원 글 | 우지현 그림
와이즈만 영재교육연구소 감수

와이즈만 BOOKs

 기획자의 말

'와이즈만 영재학습법' 시리즈를 펴내며

 '세 살 버릇 여든까지 간다'는 속담이 있습니다. 올바른 습관의 중요성을 강조한 말이지요. 공부에 있어서도 마찬가지입니다. 모든 것이 빠르게 변하는 현대 지식정보화 사회에서 개인의 학습 능력만큼 중요한 능력이 없지요. 그러니 초등학교 시절에 공부 습관을 잘 형성해 놓으면 평생을 주인공으로 멋지게 살아갈 수 있는 핵심 경쟁력을 갖추게 되는 것입니다.

 올바른 공부 습관을 만들려면 먼저 어떻게 하는 것이 올바른 공부 방법인지 알아야 합니다. 와이즈만 영재교육은 지난 10년 동안 창의력과 사고력 교육을 진행해 오면서 전문가들도 깜짝 놀랄 만한 우수한 성과를 많이 만들어 냈습니다. 그것은 "즐거움과 깨달음, 감동이 있는 교육"을 실천하기 위하여 교육 선진국의 사례를 연구하고 우리나라 교육의 주요한 변화들에 끊임없이 주목해 온 결과라고 할 수 있습니다. 그렇게 오랜 기간 모아진 경험을 책으로 펴낸 것이 바로 '와이즈만 영재학습법' 시리즈입니다.

 '와이즈만 영재학습법' 시리즈에는 어린이들이 우수한 인재로 성장하기 위해서 초등학교 때부터 어떻게 실력을 다져 가야 하는지 친절하고 재미있게 설명되어 있습니다. 보통의 학습법 책들은 어른들이 읽고 아이들을 지도하도록 하고 있지만, '와이즈만 영재학습법' 시리즈는 어린이들이 직접 책을 읽고 깨달아서 바로 실천할 수 있도록 되어 있습니다.

 부모님이 시켜서 하는 공부가 아니라 스스로가 주인이 되어 자신의 삶을 계획하고 실천하려는 학생들에게 '와이즈만 영재학습법' 시리즈는 매우 든든한 친구가 되어 줄 것입니다.

'즐깨감 과학일기'를 내면서

　우리나라에서 과학일기 쓰기 교육을 제일 처음 실시한 교육 기관은 아마도 와이즈만 영재교육일 것입니다. 10년 전부터 와이즈만은 학생들에게 그날 배운 내용을 과학일기로 쓰도록 과제물을 냈습니다. 그리고 다음 수업 시간 때 선생님이 과학일기를 꼼꼼하게 검토하고 의견을 주면서 과학일기 쓰기를 장려해 왔지요. 또한 전국 과학일기 대회를 통해 우수한 과학일기를 발굴하기도 하면서 더욱 다양한 과학일기 쓰기 방법을 개발해 왔습니다.

　과학일기를 쓰다 보면 많은 어린이들이 저절로 과학 공부에 흥미가 생기고 관찰력과 탐구력이 키워진다고 입 모아 말합니다. 과학일기 쓰기는 공부한 내용을 생생하게 기억해 내고, 나의 생각이 어떻게 변화되었는지 되돌아보기 때문에, 공부는 물론 논리적인 글쓰기를 훈련하는 데도 최고의 과정입니다.

　"과학 창의적 문제 해결력을 향상시키는 데 과학일기만큼 효과적인 것은 없다!"

　이것이 바로 창의사고력 과학 교육 전문 기관인 와이즈만이 오랜 경험을 통해 내린 결론입니다. 그래서 이번에 과학일기 대회에서 상을 받은 7편의 학생들 작품을 통해 다양한 과학일기의 사례들을 보여 주면서, 수업 시간에 배웠거나 혹은 스스로 과학을 공부하다가 얻은 결론을 어떻게 일기로 쓸 수 있는지 그 과정을 보여 주고자 책을 발간하게 되었습니다. 과학에 자신이 없거나 흥미가 없는 학생들에게 많은 도움이 되기 바랍니다.

와이즈만 영재교육연구소 소장 이미경

작가의 말

미래의 꿈을 키워 주는
과학일기왕이 되자!

　안녕하세요, 여러분! 공부를 이야기로 들려주는 지식 이야기꾼 서지원입니다.
　공부하는 게 싫은 친구, 시험 때문에 괴로워하는 친구, 공부를 잘하고 싶지만 잘 안 돼서 힘들어 하는 친구 등 여러 친구들이 있을 거예요. 하지만 이제 그런 걱정은 그만!
　그런 고민을 해결해 줄 좋은 방법이 있거든요. 바로 일기 쓰기입니다. 일기 하나만 잘 써도 여러분은 공부를 잘할 수 있고, 글쓰기도 잘할 수 있으며, 생각을 논리적으로 정리할 수 있고 발표도 잘할 수 있어요.
　믿기지 않는다고요? 이 책에는 여러분의 친구들이 과학을 공부하고 쓴 일기들이 있어요. 일기들을 차근차근 읽어 보면 처음부터 과학을 잘했던 것은 아니지만, 과학일기를 쓰면서 놀랍도록 멋지게 성장한 친구들을 만나게 될 거예요.
　과학일기를 쓰다 보면 공부한 내용을 성실하게 복습하게 되고, 수업 시간에 배운 내용과 선생님의 말씀을 정리하면서 무엇이 중요한지 스스로 알게 된답니다. 혼자서 쓰기 힘들다면 친구와 함께 써 보세요. 서로 바꿔 보기도 하고 의견을 나눠 보세요. 자기도 모르게 과학적인 사고력이 쑥쑥 자랄 것입니다. 내가 못 했던 친구들의 생각, 친구가 못 했지만 내가 했던 생각이 서로 만나 과학에 대한 생각을 깨워 줄 거예요.

　또 과학일기는 선생님과 대화할 수 있는 공간입니다. 과학일기를 써서 선생님께 보여 드리세요. 선생님도 놀라워하며 좋은 의견을 주실 거예요. 평소에 과학에 대해 궁금했던 것, 수업 시간에 질문하고 싶었던 것을 과학일기에 적어 보세요. 선생님과 친해지면서 과학 공부가 즐거워질 거예요.

　과학일기를 꾸준히 쓰다 보면 작은 것 하나라도 그냥 지나치지 않게 될 거예요. 관찰하고, 꼼꼼하게 기록하고, 궁금한 것을 끝까지 알아내려고 할 거고, 이런 능력이 자라서 여러분은 엄청나게 발전할 거예요. 하지만 주의할 점이 있어요. 과학일기가 쓰기 싫다고 억지로 쓰거나 교과서나 참고서를 보고 베끼지는 마세요. 그런 일기는 쓸 필요가 없어요. 과학일기에는 여러분의 궁금증과 호기심이 담겨 있어야 해요. 그래야만 탐구력과 창의력이 키워지니까요. 그게 진짜 과학일기랍니다!

　일기 쓰기가 힘들다고 고민하지 마세요. 만화로 그리면 되잖아요. 글씨 쓰는 것이 느리다고 고민하지 마세요. 그림으로 그리면 되잖아요. 너무 잘 쓰려고 고민하지 마세요. 쓰다가 보면 저절로 잘 쓰게 되거든요.

　여러분이 두 눈을 반짝이면서 과학에 대해 신기해 하고 즐거워하게 되는 날이 올 거라고 믿어요. 과학일기가 그런 여러분의 꿈을 키워 줄 것이니까요.

서지원

차례

기획자의 말 4

작가의 말 6

공부에 강한 과학일기 학습법
똑똑한 과학일기, 이렇게 쓰면 쉽다! 10
신난다 선생님의 과학 캠프에 온 것을 환영해! 12

1장 소연이가 들려주는 말랑말랑 생명 이야기
땅속 생물의 세계로 여행하자 18

박소연의 과학일기 – 우리가 땅속 생물이 된다면? 48
배우영의 과학일기 – 지렁이는 위대했다! 52
신난다 선생님의 과학일기 특강 – 보통 일기와 과학일기는 어떻게 다를까? 56
– 과학일기를 왜 써야 할까? 60

2장 승현이의 지글지글 지구 이야기
날씨와 기온의 관계를 알아보자 62

원승현의 과학일기 – 백엽상 82
신난다 선생님의 과학일기 특강 – 과학일기를 쓰면 어떤 점이 좋을까? 84

3장 소현이의 변화무쌍 물질 이야기
물질의 특성을 알아보자 88

김소현의 과학일기 – 시약을 떨어뜨리면 마법이 일어나! 108
신난다 선생님의 과학일기 특강 – 과학일기를 어떻게 써야 할까? 110

4장 예린이의 물렁물렁 물질 이야기
순수한 기체를 만들고 모아 보자 114

신예린의 과학일기 – 기체를 만들고 모으는 놀라운 방법 134
신난다 선생님의 과학일기 특강 – 과학일기 잘 쓰는 방법은 무엇일까? 138

5장 은기의 불끈불끈 에너지 이야기
원자와 전기의 비밀을 파헤치자 142

윤은기의 과학일기 – 원자와 이온 172

6장 주현이의 좌충우돌 물질 이야기
산과 염기의 비밀을 알아내자 176

윤주현의 과학일기 – 산은 무엇이고, 염기는 무엇일까? 208
신난다 선생님의 과학일기 특강 – 과학일기를 재미있게 쓰려면 어떻게 해야 할까? 210

친구들의 과학 생각 – 탐구력 과학은 OO이다 216

공부에 강한 과학일기 학습법

똑똑한 과학일기, 이렇게 쓰면 쉽다!

준비물

비싸지 않은 공책, 연필, 잘 지워지는 지우개

1 내용 떠올리기
그날 배운 내용을 떠올려 봐.

2 형식 정하기
편지나 만화, 동시, 뉴스 중에서 어떤 형식으로 쓸 것인지 정하고 내용을 간략히 정리해 봐.

3 날짜와 날씨 쓰기
평범하게 쓰지 말고 창의력을 발휘해서 멋지게 써 봐.

4 제목 쓰기
한눈에 알 수 있게, 통통 튀게 잡아 봐.

5 전체적으로 쓸 내용 잡기
글의 뼈대를 잡아 봐.

6 서론 쓰기
수업 시간에 했던 내용이나 수업 시작하기 전의 내 마음을 적어 봐.

7 본론 쓰기
공부한 내용과 과정을 적어. 과학적인 원리와 개념,
재미있고 흥미로웠던 점뿐만 아니라 그때 느낀 점도 좋아.

8 키워드 빼놓지 말기
아주 중요한 핵심 용어나 개념을 나타내는 키워드를 넣도록 해.

9 탐구 과정 쓰기
탐구 과정을 순서대로 적으면서 결과도 적어 봐. 만화나 그림, 표,
그래프로 나타내고 설명해도 좋아.

10 결론 쓰기
새롭게 알게 된 점과 흥미로웠던 점, 아쉬웠던 점을 적어 봐.

11 앞으로의 다짐 쓰기
이해가 안 되는 내용이 있거나 모르는 단어를 해결하지 못했을 때,
앞으로 어떻게 스스로 해결할 것인지 다짐이나 생각을 적도록 해.

12 스스로 점검하기
글의 내용이 자연스럽고 논리적인지 읽어 보면서 스스로 점검하도록 해.

　와우, 신 난다, 신 나! 이렇게 많은 친구들이 과학 캠프에 찾아오다니! 반갑구나, 반가워! 과학자가 되겠다는 친구도 반갑고, 만화책이 더 좋다는 친구도 반가워. 수학 캠프인 줄 알고 잘못 찾아온 친구도 반가워!

　내 이름이 뭐냐고? 신 난다, 신 나! 그래, 성은 신, 이름은 난다. 그래서 신난다야. 어때, 선생님의 이름만 들어도 신 나지?

　뭐? 질문 있다고? 그래, 윤주현 친구, 물어봐. 아프지 않게 살살 물어야 돼.

뭐라고? 정체를 밝히라고? 여자인데 남자인 척한다고? 하하하! 나는 분명히 남, 자, 야. 못 믿겠다고? 너희가 오해할 법하지. 이렇게 아름다운 꽃미남을 본 적 없을 거야. 그렇다고 내가 발가벗고 남자라는 걸 보여 줄 수는 없잖아.

솔직히 말하자면, 수학 캠프의 신나라 선생님이 나랑 쌍둥이 남매야. 나와 많이 닮았지? 물론 그분은 여자이고 난 남자지. 신나라 선생님은 나보다 30초 먼저 태어났어.

난 과학만 생각하면 언제나 신 나! 여기는 책에 코를 박고 공부만 하는 곳이 아니야. 딱딱한 의자에 앉아 지긋지긋한 문제나 풀고, 점수로 너희를 혼내고 잔소리를 하는 그런 곳이 아니란다. 이곳은 과학과 신 나게 노는 과학 놀이터야. 앞으로 너희와 함께 온갖 놀라운 실험을 해 볼 거야. 땅속 세계도 여행해 보고, 전기도 만들어 보고, 세상에서 가장 작은 원자와 이온의 세계에도 들어가 볼 거야. 그러면서 너희는 나와 함께 생물학자, 화학자, 물리학자도 되어 보는 거지. 상상만 해도 신 나지, 그렇지?

아참, 너희 혹시 과학일기라고 들어 봤니? 오우! 일기라는 말만 들어도 지겹다고? 날마다 뭘 써야 할지 고민이라고? 하긴 그래. 하지만 과학일기는 너희가 아는 일기와 조금 달라.

과학을 잘하고 싶지? 과학자가 되어 세상의 비밀들을 양파 껍질 벗기듯 슬슬 벗겨 내고 싶지? 그렇다면 과학일기가 해결책이란다.

소연이가 들려주는 말랑말랑 생명 이야기

땅속 생물의 세계로 여행하자

1장

〈교과서 찾아보기〉
- 3학년 1학기 3. 동물의 한살이
- 3학년 2학기 2. 동물의 세계
- 5학년 1학기 4. 작은 생물의 세계
- 6학년 1학기 4. 생태계와 환경

〈탐구력 호기심〉
- 땅속에는 어떤 생물이 살고 있을까?
- 지렁이는 어떻게 흙을 변화시킬까?
- 흙에서 땅속 생물을 분리하려면 어떻게 해야 할까?

세상에서 제일 징그러운 게 있다면 아마 지렁이일 거야. 비가 온 뒤에 진흙 위를 꿈틀꿈틀 기어 다니는 지렁이를 보면 온몸에 오도독 소름이 돋지. 얼굴도 없고, 다리도 없는데다 할 줄 아는 건 꿈틀거리는 것밖에 없어. 신은 왜 저렇게 쓸모없는 생물을 만들어 냈을까?

내 이름은 박소연이야. 내가 이렇게 지렁이 이야기를 먼저 꺼낸 건 그럴 만한 사연이 있어서 그래. 과학 캠프에 처음 온 날, 나를 기다리고 있던 건 놀라운 실험실도, 멋진 우주 공간도, 아인슈타인 같은 위대한 과학자도 아니었어. 바로 내가 세상에서 가장 싫어하는 지렁이였어! 맙소사!

항상 신이 나 있는 신난다 선생님을 따라 우리는 숲 속에 있는 큰 나무 밑에 모였지. 여름 햇살은 뜨거웠지만, 시원한 바람이 땀을 식혀 주었어. 신난다 선생님은 주머니가 주렁주렁 달린 조끼를 입고, 챙이 넓게 달린 모자에 장화까지 신고 있었어. 그 모습이 마치 동화책에서 봤던 파브르라는 곤충학자 같았지 뭐야.

신난다 선생님은 삽으로 땅을 파면서 뭔가를 찾고 계셨어. 우리는 선생님 주변을 에워싸고는 호기심 가득한 눈으로 바라보았지.

"여기 있군. 요, 귀여운 녀석!"

세상에! 선생님이 손바닥에 올려놓은 건 지렁이였어! 지렁이 한 마리가 갑자기 닥친 날벼락에 크게 놀랐는지 힘차게 꿈틀거렸어. 난 오싹 소름이 돋아 뒤로 물러났어. 그런데 그때 내 귀를 의심하는 소리가 들리는 거야.

"지렁이는 살이 부드러워 무척 맛있단 말이야."

선생님이 지렁이 한쪽 끝을 손에 쥐고는 입을 크게 벌리더니 입속으로 쏙 넣으시는 거야! 그러고는 입술을 오물거리면서 맛있게 지렁이를 먹었어.

"으아아악!"

끔찍한 모습에 우리는 비명을 질러 댔어. 난 거의 기절할 것 같았지.

"이것이 바로 오늘 할 과학 실험이야. 다들 눈을 감아라. 그리고 내가 나눠 주는 지렁이를 입속에 넣고 씹도록 해라."

"네? 안 돼요! 도저히 못 하겠어요!"

우리들은 너도나도 소리쳤어.

"왜 지렁이가 불쌍해서?"

"아…… 아니요. 더럽고 징그러워서요."

"더럽고 징그럽긴! 지렁이야말로 지구를 지키는 위대한 생명인걸. 지렁이가 없다면 지구의 생명체는 제대로 살 수가 없어. 사람마저도!"

선생님은 그렇게 말하면서 우리에게 손바닥을 내미셨지.

"이게 뭐야? 꿈틀이 젤리잖아?"

손바닥 위에는 지렁이가 아니라 젤리가 놓여 있었어.

"아까 선생님이 드신 것도 지렁이가 아니라 젤리였어? 치! 선생님이 우리를 골탕 먹인 거야!"

"아휴, 난 다리가 후들후들, 심장이 벌렁벌렁해서 울 뻔했어."

우영이는 가슴을 쓸어내리며 한숨을 내쉬었고, 승현이 언니는 분한 얼굴로 씩씩거렸지.

신난다 선생님은 두 손을 허리에 대고는 마치 작전에 성공한 장군처럼 만족스런 표정을 지으셨어.

"과학 캠프에 온 것을 환영한다! 오늘은 첫째 날, 땅속 생물의 세계로 여행을 떠날 거다!"

"땅속 세계라고요?"

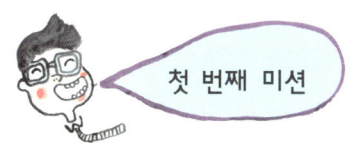

첫 번째 미션

땅속에는 어떤 생물이 살고 있을까?

"쉿! 조용히!"

갑자기 선생님이 바닥에 납작 엎드리고는 땅에 한쪽 귀를 갖다 대셨어. 우리도 덩달아 바닥에 납작 엎드렸지.

"다들 땅속 세상에 귀를 기울여 보렴. 무슨 소리가 들리니?"

"아무 소리도 안 들리는데요."

"저 깊은 땅속에는 뭐가 있을까?"

"흙이요."

"돌이요."

"혹시 보물?"

우리들은 생각나는 대로 아무렇게나 대답했어. 하지만 선생님은 진지했어.

"땅속에는 흙만 있는 게 아니야. 땅을 조금만 파 봐도 우리는 많은 생물들과 만날 수 있어. 땅속 생물들은 어떻게 살아가고 있을까?"

신난다 선생님은 우리에게 끊임없이 질문을 던졌어. 마치 질문을 던지기 위해 우리를 모은 것 같았지. 그렇지만 나는 수줍음도 많고, 자신감도 없어서 대답을 제때 하지 못하고 입속에서만 우물거렸어.

"땅속에 사는 생물을 본 적이 있니? 땅속 생물은 무엇을 먹고 살까?"

"개미요. 개미가 땅에 떨어진 과자 부스러기를 나르던데요."

우영이가 얼른 대답했어.

"개미가 땅속 생물이야?"

현주가 이상하다는 표정을 지으며 우영이에게 귓속말로 물었어.

"땅속에 굴을 파고 사니까 땅속 생물이지."

우영이의 말에 선생님도 고개를 끄덕이셨어.

"저는 2학년 때 지렁이를 관찰했었는데요, 그때 지렁이가 우유를 먹었어요."

승현이 언니가 말하자, 주현이 오빠가 빈정거렸어.

"지렁이가 젖소냐? 우유를 먹게? 혹시 흙을 먹는 게 아닐까?"

"지렁이가 흙을 먹고 살아? 그럼, 지구가 다 지렁이 밥이겠네. 지렁이가 지구를 다 먹어 치우면 우리는 어디서 사냐?"

"내 생각에는 지렁이가 한 가지가 아니라 여러 가지를 먹을 것 같아."

우리들이 서로에게 질문을 던지고 대답하는 모습을 보고 있던 신난다 선생님은 제자리를 한 바퀴 빙그르르 돌더니 손뼉을 짝 치셨어.

"하하, 너희의 질문이 많아지는 걸 보니 신 난다, 신 나! 질문이 많아지는 건 너희 머릿속에 호기심이 꽉 찼다는 뜻이야. 또 너희의 머릿속에 탐구력이 퐁퐁 솟고 있다는 뜻이고!"

"네?"

"지렁이 이야기는 나중에 더 하기로 하자. 너희가 땅속 생물이 뭘 먹고 사는지 잘 모르는 건 당연해. 땅속 생물의 생활 모습을 관찰할 기회가 거의 없었기 때문이야."

그러면서 신난다 선생님은 나무에 큰 그림 한 장을 붙이셨어.

"이건 땅속 생물의 세계를 그린 그림이야."

그림 속의 땅속 세상은 우리가 사는 도시처럼 복잡해 보였어. 나무의 뿌리를 먹고 자라는 생물도 있고, 땅속에서 올라와 채소를 먹는 벌레도 있었어.

"땅속 생물의 먹이를 찾아보렴."

신난다 선생님의 질문에 우리는 와르르 몰려들어 그림을 자세히 살펴보았어.

"장수풍뎅이 애벌레는 땅속에서 살면서 썩은 잎을 먹고 자라요."

"매미 애벌레는 나무뿌리의 영양분을 빨아먹고 살고요."

"개미들은 땅속에 집을 지어 놓고 땅 위로 올라와 먹을 것을 가져가요."

"또 다른 땅속 생물은 뿌리도 먹고, 낙엽도 먹고, 나무 열매와 죽은 동물의 몸, 애벌레, 채소, 똥도 먹어요."

우리들은 신이 나서 말이 많아졌어. 정말 신난다 선생님의 이름처럼 신이 막 나는 거야.

"그것 말고 땅속 생물의 먹이가 될 만한 게 뭐가 또 있을까?"

"채소나 과일도 먹을 것 같아요. 땅에 떨어진 과일이요. 사람이 버린 음식도 먹지 않을까요?"

"좋아, 좋아! 훌륭한 생각이야. 그러면 땅속은 어떤 환경일까?"

"낮이나 밤이나 늘 어두울 거 같아요."

"축축하고, 온도도 비슷할 거 같고요."

"좋아, 좋아! 신 난다, 신 나! 훌륭하다, 훌륭해!"

"그런데 선생님, 애벌레들은 왜 땅속에 사는 거예요? 답답해서 어떻게 살아요? 눈이 없어서 그런가요?"

평소에는 부끄러워서 별로 질문을 안 하던 내가 나도 모르게 질문을 던졌어.

"애벌레 시절에는 땅속에서 지내다가 커서는 땅 위로 올라오는 동물이 많아. 매미는 4년에서 6년 동안 애벌레 상태로 땅속에서 살면서 나무뿌리의 즙을 먹고 살지. 애벌레 상태의 매미는 '굼벵이'라고 부르는데, 땅속에 사는 애벌레는 모두 굼벵이로 부르기도 해. 땅 위로 올라온 매미 성충은 일주일 정도 살면서 짝짓기를 하고 죽는단다."

"땅 위에서 딱 일주일만 살려고 4~6년 동안 땅속에서 애벌레로 사는 거예요?"

우영이가 깜짝 놀란 얼굴로 질문했어.

"그래. 매미가 왜 그렇게 힘차게 울어 대는지 이제 알겠지? 남은 인생이 겨우 일주일인 거야. 그 일주일 동안 최선을 다해 살려고 힘차게 울어 대는 거지."

선생님의 설명에 난 문득 매미가 불쌍해졌어. 앞으로 시끄럽다고 매미에게 돌을 던지지 말아야겠어.

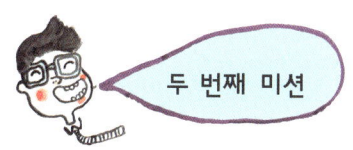

두 번째 미션

지렁이의 집은 어떻게 지어야 할까?

　신난다 선생님이 갑자기 책상 위에 지렁이를 올려놓고 허리를 숙이며 이렇게 인사를 했어.

　"지렁이님, 시간 좀 내주십시오. 오늘 저희가 자세히 관찰하고 나서 다시 집으로 모셔다 드리겠습니다."

우리는 킥킥거렸지만, 선생님은 진지한 얼굴로 '어험' 하고 헛기침을 하셨지.

"장난하는 게 아니야. 지렁이는 위대한 생명체란다. 그러니까 조심해서 다루어야 해. 자, 너희도 모두 경례!"

우리도 선생님을 따라 지렁이에게 꾸벅 인사했지만 자꾸 웃음이 나오는 걸 어떡해.

신난다 선생님은 책상 위에 올려놓은 지렁이를 조심조심 다루면서 길이를 쟀어. 지렁이가 몸을 쭉 늘였을 때와 움츠렸을 때의 길이가

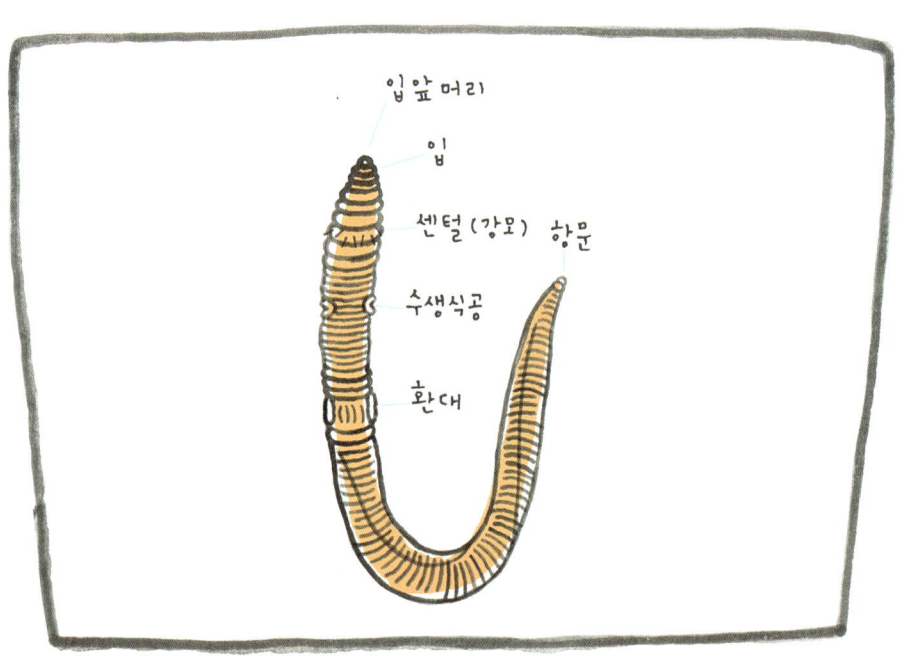

아주 차이가 났어. 그리고 우리는 지렁이를 페트리 접시(배양 접시라고 하며, 유리로 만든 납작한 원형 접시)에 담고, 등 쪽을 현미경으로 들여다보았어.

"지렁이의 몸 앞쪽에 둥근 띠가 있지? 보이니?"

"네. 지렁이가 마치 허리띠를 찬 거 같아요."

"머리띠거든!"

주현이 오빠와 소현이 언니가 너스레를 떨었어.

"허리띠도 머리띠도 아니라 환대라는 거야. 생식 기관이지."

"생식 기관이라면 이게 지렁이의 고추란 말이에요? 말도 안 돼!"

주현이 오빠의 말에 다들 "으악!" 하고 소리쳤어.

"지렁이는 암수가 한 몸인 생물이야. 암컷과 수컷이 한 몸에 다 있는 신비한 동물이지. 자세한 건 나중에 다시 이야기해 주마. 현미경으로 또 뭘 발견했지?"

"지렁이 몸에 털이 있는데요!"

"그래, 몸에 난 털을 '센털' 또는 '강모'라고 해. 꺼끌꺼끌하거든."

난 문득 궁금한 게 떠올랐어.

"신난다 선생님, 아까 지렁이가 지구를 지키는 위대한 생명체라고 그러셨잖아요? 지렁이가 없다면 지구의 생명체가 제대로 살 수가 없을 거라고요. 그게 무슨 뜻이에요?"

"옳지! 소연이의 창의력이 퐁퐁 샘솟는구나. 창의력은 호기심에서 생기지. 호기심은 새로운 생각을 하게 만드는 힘이거든. 너처럼 창의적인 질문을 들으면 나는 말이지. 신, 난, 다, 신, 나!"

선생님은 거위 날개처럼 두 팔을 펴서 파닥거렸어.

"네 질문의 답을 찾기 위해 지금부터 지렁이를 길러 보도록 하자. 그러려면 지렁이가 살 집부터 지어야겠지?"

난 점점 흥미가 생겼어. 우리가 꿈틀이 지렁이의 집을 지어 길러 본다니! 지렁이의 집은 과연 어떻게 만들까?

선생님은 미리 준비해 놓은 얇고 투명한 아크릴판 2개를 꺼내 오셨어. 그리고 밑면과 옆면, 창 사이로 흙이 새지 않도록 양면테이프로 단단히 붙였지.

"이제 지렁이가 살 수 있게 흙을 넣을 차례야. 지렁이는 오염된 흙을 기름지게 바꿔 놓는 놀라운 재주를 가졌어. 그렇다면 너희에게 창의력 질문을 내 볼게. 지렁이가 흙을 변화시킨다는 것을 잘 관찰하려면 어떻게 흙을 넣어야 할까? 지렁이가 흙을 어떻게 변화시키는지 알 수 있는 방법을 잘 생각해 봐."

우리는 머리를 갸웃거렸어.

"흙 사이에 어떤 물체를 놓아두면 안 될까?"

"그러면 지렁이가 왔다 갔다 할 수 없잖아. 그러지 말고 흙에 각각 다른 색을 넣으면 어때? 그러면 지렁이가 흙을 어떻게 변화시키는지 색깔로 알 수 있잖아."

주현이 오빠의 말에 모두 고개를 끄덕였어. 하지만 금방 벽에 부딪치고 말았지.

"그런데 흙에 어떻게 색깔을 넣어? 물감으로 칠해?"

"지렁이가 물감을 먹게 되면 죽을 수 있으니까, 그건 좋은 방법이 아니야."

주현이 오빠도, 승현이 언니도, 은기 언니도, 소현이 언니도 고민에 깊이 빠졌어. 한참이 지났는데도 아무도 좋은 방법을 생각해 내지 못했지.

신난다 선생님은 어디로 가셨는지 보이지 않았어. 흙을 물끄러미 쳐다보던 나는 문득 좋은 생각이 떠올랐어. 예전에 아빠와 산에 갔을 때 흙을 자세히 관찰했던 적이 있었거든.

"색깔이 각각 다른 흙을 쓰면 어때?"

"그건 아까 말했잖아. 흙에 물감을 넣으면 안 된다고."

"내 말은 그게 아니라 색깔이 다른 흙이 있어. 그런 흙을 차곡차곡 쌓으면 되잖아. 그러면 지렁이가 어떻게 흙을 섞는지 금방 알 수 있을 거야!"

"놀라워! 훌륭한 생각이야!"

나무 뒤에서 신난다 선생님이 방긋 웃으면서 짠 하고 나타났어. 우리가 어떤 이야기를 하는지 몰래 지켜보고 있었나 봐.

선생님은 "신 난다, 신 나!" 하고 흥얼거리면서 삽으로 흙을 파기 시작했어. 우리는 선생님이 알려 주시는 대로 모종삽으로 모래→상토→모래→상토 순으로 번갈아 담았어.

"모래 800g, 상토 400g 정도가 필요해. 얘들아, 바닥에 흘리지 않도록 조심해. 맨 밑층에 모래를 먼저 넣든, 상토를 먼저 넣든 간에 순서는 상관이 없어. 모래층과 상토층의 높이는 3cm 정도가 적당해. 지렁이 집의 높이가 21cm 정도이니까 5층, 6층 정도 흙을 쌓을 거야."

순식간에 지렁이 집에 흙이 가득 찼어. 흙을 차곡차곡 쌓으니까 마치 시루떡 같아 보였어.

우드락으로 만든 관찰통

스티로폼으로 만든 관찰통

과일 상자로 만든 관찰통

"이제 관찰통 속에 지렁이를 넣으면 돼. 지렁이 수는 10마리 정도면 되지만 많을수록 좋아. 우리 다 함께 지렁이 손님들을 초대하도록 하자."

우리는 모종삽으로 땅을 이쪽저쪽 파면서 지렁이를 모았어. 참 이상했어. 징그럽고 더럽게 느껴지던 지렁이가 지금은 그렇게 느껴지지 않는 거야.

어느새 지렁이가 20마리나 모였어. 지렁이들은 '왜 우리를 여기에 데려온 거야? 나 돌아갈래!' 하면서 꿈틀거리는 것 같았지.

"지렁이는 어떤 곳을 좋아할까?"

신난다 선생님의 질문이 또 시작되었어.

"땅속에 사니까 어두운 곳을 좋아할 거 같아요."

"그렇지."

"햇볕이 들지 않은 곳이 좋을 거 같아요. 축축한 곳이요."

"그것도 맞아."

"지렁이는 땅속에 사니까 따뜻한 곳을 좋아할 거 같은데요."

"그 말도 맞다."

우리는 지렁이를 넣은 관찰통을 흙이 섞이지 않도록 조심스럽게 들고 건물 구석의 그늘진 곳으로 옮겨 놓았지.

"이번에는 지렁이 먹이를 줘야겠지? 지렁이는 뭘 먹을까?"

"우유요!"

"밥이요!"

"고기요! 일등급 한우요!"

"아니야! 돈가스요! 김치랑 같이."

신난다 선생님이 '흠흠' 하며 콧등을 어루만지며 우리를 쳐다보셨어. 별로 훌륭한 대답이 아니라는 뜻 같았지.

"물론 너희가 이야기하는 먹이를 지렁이가 다 먹기는 해. 하지만 그런 음식물을 흙 속에 넣으면 흙이 썩으니까 지렁이한테도 안 좋고, 흙도 안 좋아질 거야. 그것보다는 낙엽이나 채소 부스러기, 녹차 잎, 커피 찌꺼기 같은 걸 주는 게 좋겠어. 냄새도 덜 나니까."

우리는 선생님과 함께 지렁이 먹이를 찾아 캠프 곳곳을 돌아다녔어. 먹이는 어렵지 않게 구할 수 있었어.

"앞으로 일주일 동안 우리는 지렁이 가족과 함께 살 거야. 지렁이가 어떻게 살고, 흙을 어떻게 변화시키는지 관찰해 보자."

선생님은 디지털카메라로 오늘 만든 관찰통을 촬영했어. 우리는 기대에 찬 얼굴로 관찰통을 두고 왔지.

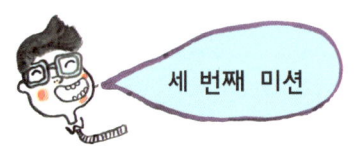

지렁이는 어떻게 죽은 흙을 살릴까?

우리가 과학 캠프에 온 날로부터 어느덧 일주일이 지났어. 난 이틀 정도 지렁이 집을 떠올렸지만, 날마다 새로운 과학 지식을 배우느라 까맣게 잊고 말았어. 신난다 선생님이 종이로 감싼 큰 통을 들고 올 때까지도 말이야.

"일주일 동안 우리 지렁이님들께서 어떤 활동을 하셨을까?"

신난다 선생님이 우리를 둘러보며 말했어.

"흙이 막 섞여 있을 것 같아요!"

"지렁이가 동굴을 파 놓았을 것 같아요."

우리는 상기된 얼굴로 대답했어.

신난다 선생님이 "짜잔!" 하며 종이를 걷어 내자, 놀라운 모습이 우리 앞에 펼쳐졌어.

가지런히 쌓여 있던 흙들이 뒤섞여 있었는데, 어떤 흙더미는 포도송이처럼 뭉쳐져 있었어. 지렁이들이 땅속에 여기저기 굴들을 파 놓았고, 그 흙더미 아래에 지렁이들이 있었어.

선생님이 모니터에 디지털카메라를 연결하고, 일주일 동안 날마다 지렁이 관찰통을 찍은 사진을 한 장씩 보여 주었어. 우리는 까맣게 잊고 있었지만, 선생님은 날마다 지렁이들에게 먹이를 주고 소중하게 돌보았던 거야. 난 문득 선생님에게도, 지렁이에게도 미안한 마음이 들었어.

지렁이 집이 일주일 동안 변화하는 과정을 사진을 통해 살펴보니까, 지렁이들이 어떻게 흙을 변화시켰는지 금세 이해할 수 있었어.

"지렁이들이 흙을 먹은 건가요?"

"그래. 지렁이들이 흙을 먹고 배출해서 이렇게 흙들이 섞인 거야. 여기 이렇게 포도송이처럼 뭉친 흙이 보이니? 이걸 분변토라고 해."

"분변토요?"

"분변토는 지렁이가 흙과 잎을 먹고 소화해서 양분을 얻은 다음에 배출하는 배설물이야. 말하자면 지렁이 똥 같은 거지."

"웩!"

"하지만 분변토가 얼마나 소중한 자원인데. 기름진 땅에서는 분변토가 발견되지. 지렁이가 땅굴을 파면서 이리저리 돌아다니면 흙이 잘게 부서지면서 산소가 그 속으로 들어가게 돼. 분변토가 정말 효과가 있는지 알아보려고 예전에 분변토를 뿌려 배추를 키워 보았는데, 배추가 신기하게도 아주 잘 자라더구나."

그러면서 선생님은 화단 한쪽에서 키운 배추 사진도 보여 주셨어. 분변토로 키운 배추는 확실히 다른 배추와 크기와 색깔이 달랐어. 화면이 바뀌고 다음 사진에서는 콘크리트로 채워진 도시가 나타났어.

"우리가 사는 도시에서는 흙을 만지거나 밟을 기회가 많지 않아. 도시에서는 흙을 잘 볼 수 없지. 이처럼 해마다 많은 땅이 아스팔트나 콘크리트로 덮이고 거기에 빌딩과 도로가 새로 놓이고 있어. 아스팔트와 콘크리트가 땅을 뒤덮으면 흙은 산소와 닿을 수가 없어. 산소가 있어야 흙도 생명을 갖게 돼. 산소가 없으면 땅속 생물들은 대부분 죽을 수밖에 없어."

난 그제야 알게 됐어. 사람들이 도시를 지으면 지을수록 우리가 모르는 사이에 수많은 땅속 생물들이 죽어 가고 있다는 것을.

이윽고 모니터 화면에는 나무가 사라져 헐벗은 숲이 나타났어.

선생님은 계속 말을 이으셨지.

"도시가 많아지면서 숲과 들판도 줄어들고 있어. 댐 하나가 세워지면 넓은 땅은 물에 잠기고, 그 땅에 살던 생물들도 죽게 돼. 갯벌을 메워 간척지를 개발하면 사람이 살 땅은 넓어질지 몰라도, 그곳에 살던 생물들은 죽고 말아."

선생님의 목소리는 무거워졌고, 분위기는 점점 가라앉아. 다른 친구들도 우리의 환경이 심각한 상황이라는 걸 깨닫게 된 거야. 모니터 화면에는 공단 옆 하천이 나타났어.

"공장에서 내보내는 산업 폐수와 쓰레기도 흙에 사는 생물들을 죽여. 농부들이 사용하는 비료와 살충제는 농사를 잘 짓게 돕지만 환경을 오염시키고, 우리가 사용하는 비누와 세제는 강과 바다로 흘러가 다른 생물을 죽이지."

"그럼 방법은 없나요? 다른 생명들과 사람이 함께 잘 살 수 있는 방법이요."

선생님은 친구들을 둘러보았어.

"있어. 바로 지렁이님이지."

모니터 화면에 산업 폐수로 심각하게 오염된 흙이 보였어. 그런데 그 속에 지렁이들이 살고 있었어.

"이걸 보렴. 지렁이들이 죽은 흙을 분변토로 만들고 있어. 분변토가 되면서 흙이 살아나잖아!"

"와! 지렁이님이 해결사네!"

친구들이 다 함께 환호를 했어. 난 그제야 깨달았어. 세상에서 제일 징그러운 지렁이가, 얼굴도 없고, 다리도 없고, 할 줄 아는 건 꿈틀거리는 것밖에 없고, 밟으면 찍 소리도 못하고 죽는, 참으로 힘없는 지렁이가 알고 보면 정말 위대한 생명체라는 것을.

나는 땅속 생물이 흙 속에서 살면서 흙에게 많은 도움을 준다는 것을 알게 되었어. 아! 아무래도 지렁이를 사랑하게 될 것 같았어!

"옛날 옛날에 어떤 생물학자가 있었어."

선생님이 구수한 목소리로 말문을 여셨어. 우리는 흥미진진한 표정으로 눈동자를 반짝이며 선생님을 바라보았어.

"이 생물학자는 호기심이 아주 강했지. 호기심이 강했으니까 창의력도 뛰어났을 거야. 생물학자는 지렁이에게 관심이 많았어. 그래서 날마다 지렁이를 관찰하고 우리처럼 여러 가지 실험을 했어."

"어떻게 실험했는데요? 혹시 선생님처럼 지렁이를 먹었던 건 아니지요?"

우영이의 엉뚱한 질문에 아이들이 웃음을 터트렸어.

"생물학자는 아주 특별한 방법으로 실험했지. 꾸물꾸물 기어 가는 지렁이 옆에 앉아 휘파람을 불기도 하고, 큰 소리로 노래를 부르기도 했어. 그것으로 만족할 수 없어서 지렁이를 옆에 두고 피아노 연주도 했어."

"지렁이를 위해서요?"

"그래, 생물학자는 휘파람이나 피아노 소리에 지렁이가 어떻게 반응하는지 알고 싶었던 거야."

"그건 시간 낭비 아니에요?"

"생물학자는 피아노를 치면서 절대로 아까운 시간을 낭비하고 있다고는 생각하지 않았어. 하루는 담배 연기를 뿜기도 하고, 잔디밭 위에서 발을 굴러 쿵쿵 뛰어 보기도 했어."

"그건 왜요?"

"토끼나 두더지처럼 지렁이도 놀라서 구멍으로 쏙 들어가지 않을까 보고 싶었던 거지. 생물학자는 지렁이에 대한 궁금증이 한두 가지가 아니었어. 하루는 땅 위에 백묵가루를 뿌려 놓고, 지렁이가 이 백묵가루를 얼마나 땅속 깊이 가지고 들어가는지 알아보려고 땅을 온통 파헤치기도 했어. 또 배추나 파를 먹이로 줘서 지렁이의 입맛을 실험하기도 했지. 이 생물학자는 인생의 거의 절반을 지렁이에게 관심을 갖고 관찰하는 데 썼어. 다른 사람들은 그런 생물학자를 미쳤다고 손가락질했지. 하지만 나중에 그 생물학자는 위대한 과학 업적을 남겼지. 그 생물학자가 누군지 아니?"

선생님의 질문에 아무도 대답하지 못했어.

"찰스 다윈이야."

"찰스 다윈이라고요?"

우리는 놀란 목소리로 동시에 되물었어. 나도 찰스 다윈(1809~1882)에 대해서는 알고 있었어. 《종의 기원》이란 책에서 생물의 진화론을 주장해 세상을 놀라게 한 생물학자잖아. 진화론은 코페르니쿠스(1473~1543)의 지동설만큼이나 위대한 연구 업적이라고 읽은 적이 있어.

나는 지렁이를 관찰하는 게 얼마나 중요한 과학인지 또 한 번 깨달았어.

"찰스 다윈 같은 생물학자뿐만 아니라 흙에 관련된 다양한 직업을 가진 사람들이 많아. 건축 기사도 있고 농부, 고고학자도 있지."

"흙을 연구하는 과학자는 뭐라고 불러요?"

"토양학자라고 해. 그리고 흙속에 있는 아주 작은 미생물을 연구하는 과학자는 미생물학자라고 하지."

지렁이 덕분에 난 정말 많은 공부를 한 것 같았어. 며칠 사이에 찰스 다윈만큼 많이 알아서 가슴이 뿌듯했지. 지렁아, 네 덕분이야!

박소연의 과학일기　☐☐☐☐년 ☐☐월 ☐☐일 ☀️ ☁️ ☂️ ❄️

우리가 땅속 생물이 된다면?

박소연(서울, 매현초등학교 3학년)

오늘 땅속 생물에 대해 공부했다. 땅속에는 개미, 지렁이, 곤충들처럼 우리가 생각했던 것보다 훨씬 많은 생물들이 살고 있었다. 나는 그게 참 다행이라고 생각한다. 만약 곤충들이 땅에서 살지 않고 사람들이 사는 곳이나 땅 위에서 산다면, 사람들은 벌레나 곤충들이 무서워서 집에서 나오지도 못할 테니 말이다. 상상만 해도 웃음이 나온다.

첫 번째 활동. 땅속 곤충과 동물 탐구

처음에는 땅속에 사는 곤충이나 동물에 대해 알아보았다. 내가 아는 땅속 생물은 지렁이, 개미, 두더지, 들쥐 등이다. 그리고 땅속 생물들이 먹는 것은 물, 곤충, 지렁이, 썩은 나뭇잎, 나무뿌리 등이다. 동물의 똥도 먹는다고 한다. (으, 생각만 해도…….) 만약 우리가 땅속 생물이 된다면 그런 음식들을 먹어야겠지? (음…… 맛이 어떨까?)

한낮이 되어 햇볕이 뜨거워지면 땅 위도 뜨거워지면서 흙이 바싹 말라 푸석해진다. 하지만 밤이나 낮이나 땅속의 온도는 달라지지 않는다.

땅속 생물들은 땅속에서만 사는 게 아니다. 매미는 짝짓기를 하기 위해, 쇠똥구리는 알을 낳기 위해, 또 다른 생물들은 먹을거리를 찾기 위해서 땅 위로 나온다. 하지만 두더지는 절대로 밖으로 나오지 않는다고 한다. 햇빛이 너무 강해서 그런 것 같다. 이름이 '문짝거미'인 신기한 거미는 땅속에 숨어서 지나가는 개미 따위를 잡아먹는다. 개미가 불쌍하다.

이렇게 땅속에 사는 생물 때문에 땅도 변화한다. 공기가 들어가 숨을 쉴 수 있기 때문이다. 그 일을 지렁이가 하는 것이다.

우리는 땅속 생물과 관련된 책도 읽고, 서로 퀴즈를 내기도 했다. 우리 반 중에서 내가 제일 많이 맞혔다. 그때 내 기분을 말한다면, 한마디로 찰스 다윈이 된 기분이랄까?

 두 번째 활동. 지렁이 탐구

지렁이를 관찰했는데 처음에는 너무 무서웠고 징그러웠다.
지렁이에게는 환대가 있는데, 환대란 ❶머리와 꼬리를 구분할 수 있고(환대가 가까운 쪽이 머리) ❷짝짓기를 하는 기관이다.
그림을 그려 보면 이렇다.

지렁이가 흙을 변화시키는지 않는지 관찰하기 위해서 밝은색의 흙과 어두운색의 흙을 층층이 쌓아 놓았다. 만약 지렁이가 흙을 변화시킨다면 어두운색 흙과 밝은색 흙이 뒤섞이겠지.
우리의 예상대로 지렁이는 흙을 변화시켰다. 고마운 지렁이야, 앞으로 널 사랑할게!

내가 쓴 지렁이 과학일기 어때?

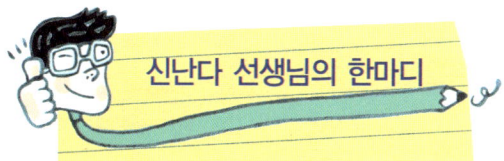

신난다 선생님의 한마디

소연아! 수업 시간에 땅속 생물에 대해 알게 된 점과 지렁이를 관찰하면서 느낀 점을 자세하게 잘 표현했구나. 이렇게 일기는 느낀 점과 배운 점을 같이 쓰는 거야.

'만약에 땅속 생물들이 땅 위에 산다면?', '우리가 땅속 생물이 된다면?' 같은 재미있는 상황을 설정하여 창의적인 아이디어를 내본 점도 돋보여. 수업 시간에 어떤 경험을 하였고, 매순간 어떤 생각을 하였는지 잘 적어서 과학일기를 읽는 사람도 수업에 직접 참여하고 있는 듯한 느낌을 받겠어. 너는 이런 과정을 통해 과학 지식을 통합적으로 만들어 가고, 창의적 사고 능력도 기를 수 있을 거야.

하지만 수업을 듣기 전에 알고 있던 '땅속 생물'에 대한 지식이, 수업을 통해 어떻게 변화했는지, 그리고 앞으로 더 알고 싶은 점은 무엇인지 나타나지 않은 점은 아쉬웠어. 지렁이가 어떻게 흙을 변화시키는지 자세히 쓰는 것도 좋겠어. 예를 들면 지렁이가 다니면서 생긴 길이라거나 분비물로 인한 변화들 말이야. 다음에는 이런 것들뿐만 아니라 지렁이에 의해서 변화된 것들을 선생님과 함께 관찰해 보자.

앞으로 과학일기를 쓸 때에는 수업 시간 동안에 자신의 머릿속에서 과학 지식이 어떻게 변화했는지 그 과정을 써 보렴. 그리고 더 알고 싶은 점이나 탐구하고 싶은 점을 함께 적는다면 더 훌륭한 과학일기가 될 거야.

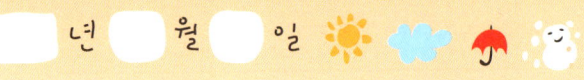

지렁이는 위대했다!

배우영(서울, 반원초등학교 3학년)

오늘 땅속 생물에 대해서 배웠다.
지렁이를 관찰하기 위해서 패트리 접시에 지렁이를 놓고 관찰했다. 지렁이 머리 부분에 머리띠 같은 것이 있었는데, 그것을 '환대'라고 한다. 그리고 지렁이 배에 '강모'라는 털이 있는데, 지렁이는 이것을 이용해서 움직인다. 놀라운 사실이다! 털이 있다니! 그리고 그 털로 굼지럭굼지럭 움직인다니!
지렁이들이 땅을 어떻게 바꿔 놓는지 알아보기 위해 다음 그림처럼 상토를 바닥에 깔고 그 위에 모래, 상토, 모래, 상토를 깔아 놓았다. 그런 뒤에 지렁이들을 몇 마리 넣은 후 관찰을 했다. 그런데 지렁이들이 꼬물거리기만 하고 땅속으로 들어가지 않는 것이었다. 지렁이들은 양지가 아니라 음지에서 활발하게 움직인다. 그래서 수건으로 입구를 덮고 햇빛이 덜 드는 곳으로 옮겨 놓았다.

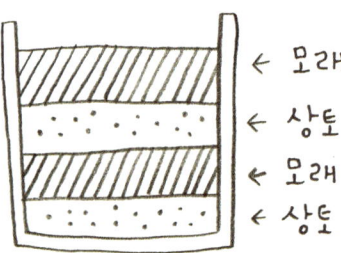

앞으로 어떤 일이 벌어지게 될까? 내 생각에는 지렁이들이 상토와 모래를 섞어 놓을 것 같다. 그리고 땅 밑에 구멍이 많이 나 있을 것 같다. 아니면 흙을 섞어 놓지 않고 구멍만 낼 것 같기도 하다.

지렁이들은 참 신기하다. 눈도 없는데 어떻게 방향을 알고 움직이는 것일까? 또 환대가 지렁이들한테 아주 중요하고 소중한 것인데도 환대가 없어도 지렁이가 어떻게 살 수 있는 것일까? 두 동강이 난 지렁이는 죽기는커녕 오히려 두 마리가 되는 걸 보니, 참 신기한 동물이 아닐 수 없다.

일주일이 지나서 지난 시간에 키운 지렁이들을 다시 관찰했다. 그런데 우리의 예상과 달리 흙이 아주 조금만 섞여 있었다. 나는 상토와 모래의 순서가 뒤바뀌고 서로 섞일 줄 알았다. 그래서 우리는 지렁이들을 더 관찰해 보기로 했다.

지렁이들에 대해 더 자세히 배우기 위해 지렁이 비디오를 보았다. 비디오에서 지렁이를 채집하여 관찰하는 모습이 나왔다.

우리나라에는 실지렁이, 줄지렁이 등이 사는데, 지렁이들은 사는 곳에 따라 크기와 색깔이 다르다고 한다. 즉 개울가 주변의 지렁이들은 흰색이고 크기도 크지만, 나무 주변의 지렁이는 검고 크기가 비교적 작다.

그리고 지렁이는 짝짓기를 할 때 환대에서 알을 낳고 정자를 받아 수정시킨다. 그 다음에 입으로 알을 내보낸다고 한다. 짝짓기는 약 8시간이 걸리며, 알 한 개에 여러 마리의 지렁이들이 들어 있다.

지렁이들은 위대한 힘을 가지고 있다. 다큐멘터리에서는 100마리의 지렁이들이 아주 오랫동안 썩어 있던 흙을 복원하려는 모습이 있었다. 정말로 흙이 복원될까? 그렇다. 흙은 복원되었고

지렁이들도 살아 있었다. 비록 크기는 작지만 이렇게 위대한 힘을 가지고 있는 게 바로 지렁이다.

세상에는 작은 것이 큰 힘을 발휘한다는 것을 깨달았다. 나도 힘이 약하지만, 큰 힘을 발휘해서 세상을 바꾸는 위대한 사람이 되고 싶다.

나는 내용의 핵심을 쓰고 탐구 과정을 순서대로 썼어.

신난다 선생님의 한마디

우영이는 수업 시간에 배운 내용의 핵심을 일기로 잘 표현했어.

아주 작고 하찮아 보이는 생물이지만, 우리에게 도움이 되는 생물이 이 세상에는 많아. 우리가 이런 작은 생물들을 아끼고 보호해야 하겠지?

지렁이는 눈이 없지만, 눈 대신에 피부로 촉감을 느끼고 움직여. 지렁이는 환대가 없으면 번식을 하기가 힘들지. 하지만 지렁이는 재생 능력이 있기 때문에 환대를 다시 만들 수 있지 않을까?

우영이는 과학일기를 무척 잘 썼어. 우영이가 특히 잘 쓴 점은 실험을 순서대로 정리하며 탐구 과정을 자세히 서술했다는 거야. 또한 실험을 설계하여 결론을 도출하는 과정까지 원인과 결과의 관계를 적절하게 표현했다는 거야. 전체적인 실험 과정을 다른 사람이 잘 알아볼 수 있게 그림이나 표로 깔끔하게 정리를 해서 좋았어.

그리고 우영이가 잘한 게 또 있어. 일상생활에서 응용하려고 노력하는 모습이야. 그리고 궁금한 부분은 적어 놓아서 선생님이 알려 줄 수 있게 했구나. 그래, 그렇게 선생님에게 궁금한 건 물어보면서 자신의 지식으로 만들어 가는 거야.

과학일기를 앞으로도 열심히 쓰렴. 그러면 수업한 내용을 이해하고, 지식을 습득하는 능력이 날마다 자랄 거야. 네가 성실하게 노력한 만큼, 네게 커다란 밑거름이 되고 있는 것 같아서 선생님으로서는 무척 뿌듯하단다.

신난다 선생님의 과학일기 특강

보통 일기와 과학일기는 어떻게 다를까?

과학일기가 보통 일기와 가장 다른 점이 무엇이냐 하면, 어떤 내용을 쓰는가 하는 거야. 너희도 알겠지만, 일기란 마음속에 있는 자신의 이야기를 솔직하게 쓰는 거잖아. 보통 일기는 생활하면서 자기가 겪은 이야기를 쓰지. 학교에서 있었던 일, 가족과 놀러갔던 일, 친구와 싸워서 속상했던 일, 강아지를 잃어버려서 슬펐던 일, 선물을 받아서 기뻤던 일 등을 쓸 거야.

하지만 과학일기는 이런 생활 속 이야기를 쓰는 게 아니라, 과학에 대한 이야기를 쓰는 거야. 과학에 대한 책을 읽고 쓸 수도 있고, 수업 시간에 배운 내용을 쓸 수도 있어. 재미난 과학 상식을 쓸 수도 있고, 생활 속에서 관찰하고 경험한 과학 내용을 쓸 수도 있지.

그럼 과학일기도 내 마음대로 자유롭게 쓰면 되나요?

그래. 과학일기도 평소에 쓰는 일기처럼 자유롭게 쓰면 돼. 하지만 꼭 알아 둘 게 있어. 보통 일기는 마음속 이야기를 솔직하게 쓰는 것이지만, 과학일기는 과학의 원리를 중심으로 쓴다는 게 달라.
과학일기에서 빼놓지 말아야 할 게 바로 '과학 원리'야. 과학일기는 과학적인 기본 원리를 바탕에 놓고 쓰는 일기라는 것을 꼭 기억해. 평소에 쓰는 일기처럼 자유롭게 쓴다는 점은 같지만, 마음속 이야기를 쓰는 게 아니라는 점을 알아 둬.

과학 수업 시간에 공부한 내용을 적으면 그게 과학일기인가요?
그건 공책에 그냥 필기하는 거 아니에요?
필기하는 거랑 과학일기랑 어떻게 다른 거죠?

아하! 좋은 질문이야. 난 이렇게 멋진 질문을 들으면 신, 난, 다, 신, 나!
과학일기는 과학을 공부하면서 내가 어떤 생각을 했는지 생생하게 표현하는 글이야. 과학을 공부한 내용을 있는 그대로 적는 게 아니야. 수업 시간에 배운 내용만 적는 건 공책에 필기하는 거랑 같지.
너희가 보통 일기를 쓸 때, 그날 겪었던 이야기와 함께 자신의 생각도 함께 적지?
또 잘못했던 일을 반성하고, 앞으로 어떻게 하면 좋을지 계획도 세우지?
과학일기도 그것과 비슷해. 과학 공부를 했던 내용만 적는 게 아니라, 공부를
하면서 느꼈던 자신의 생각을 적는 거야. 잘 몰랐는데 새롭게 알게 된 것들도 적고,
앞으로 어떤 것을 공부하면 더 좋을지도 적는 거야. 너희의 생각을 듬뿍 담아
놓도록 해.
보통 일기를 쓰면 하루를 정리해 볼 수 있어서 좋아. 과학일기도 그래. 내가 어떤
내용을 공부했는지 스스로 정리하면서 확인할 수 있거든.

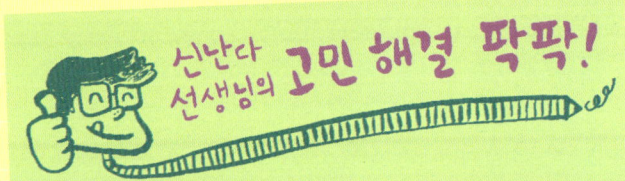

평소에 쓰는 일기는 하루의 생활을 중심으로 쓰는 거야.

하지만 과학일기는

과학의 기본 원리를 바탕에 놓고 쓰는 일기라는 사실!

보통 일기

일상생활에서 벌어진 일을 중심으로 써. 즐거웠던 일, 행복했던 일, 슬펐던 일, 신기했던 일을 쓰면 돼.

과학일기

생활을 중심으로 쓰는 게 아니라, 과학을 중심으로 쓰는 일기야. 과학적인 기본 원리를 바탕에 놓고 써.

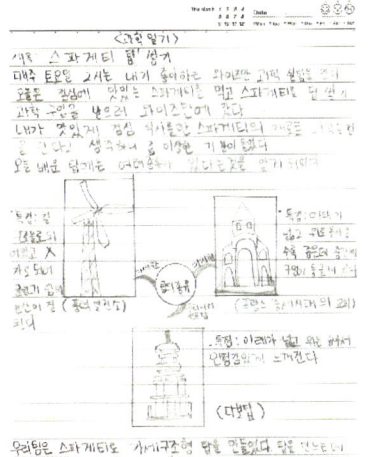

신난다 선생님의 과학일기 특강

과학일기를 왜 써야 할까?

일기를 왜 써야 할까? 선생님이 검사를 하니까 일기를 써야만 한다고? 그럼 선생님이 검사를 안 하면 일기를 안 쓰겠구나? 뭐, 당연하다고? 방학 숙제 중에서 가장 싫은 게 일기 쓰기라고?

허, 참. 어이가 없어서 입이 다물어지지 않는구나. 일기는 하루를 뒤돌아보면서 느낌을 적는 글이잖아. 일기를 쓰는 것은 자신만의 역사책을 만드는 것과 같아. 오늘 하루는 결코 돌아올 수 없는 소중한 시간이잖아. 그러니까 하루하루를 차곡차곡 기록해 두면 자신만의 역사책이 되는 거고, 어른이 되어 읽어 보면 내가 어렸을 때 어떻게 살아왔는지 알 수 있는 아주 소중한 기록이 돼. 일기를 쓰면서 하루를 돌이켜보면 그날의 생활을 정리하고 반성할 수 있게 돼. 일기는 이렇게 중요해. 그뿐만이 아니야. 그러니까 앞으로 꼬박꼬박 쓰도록 하자. 약속!

그렇다면 과학일기는 왜 써야 할까? 맞아, 과학을 잘하기 위해서지. 과학일기는 과학을 무척 잘할 수 있게 만들어 주는 마법 같은 글이거든.

과학은 원리를 깨닫는 게 아주 중요해. 시험을 잘 보려고 무조건 외우지 말고, 계단을 차근차근 밟아 올라가듯 원리를 깨달으면서 제대로 공부해야 해. 달달 외우면 시험 점수가 반짝 좋아질지 몰라도, 과학을 제대로 이해하지 못하기 때문에 나중에는 과학이 어려워지고, 싫어지고, 재미없어져. 학년이 올라갈수록 성적도 떨어지지.

과학일기는 과학 원리를 깨달아 가면 재미있어지고, 점차 공부의 맛을 알게 돼. 과학일기를 쓰면서 공부한 것을 잊지 말고 담도록 해. 그러면 잊어버린 것을 다시 떠올릴 수 있어. 또 내가 이렇게 공부해 왔구나, 하고 용기와 의욕을 북돋아 주지.

과학일기를 쓰면 그날 배운 것을 돌이켜 볼 수 있고, 그날 공부한 것들을 정리할 수 있어. 또 앞으로 무엇을 더 공부해야 할지 계획을 세우게 돼. 어때, 지금 당장 과학일기를 쓰고 싶은 마음이 들지 않니?

승현이의 지글지글 지구 이야기

날씨와 기온의 관계를 알아보자

2장

⟨교과서 찾아보기⟩
- 3학년 1학기 4. 날씨와 우리 생활
- 4학년 2학기 3. 열 전달과 우리 생활
- 6학년 2학기 2. 날씨의 변화

⟨탐구력 호기심⟩
- 기온은 어떻게 측정할 수 있을까?
- 기상청에서 기온을 측정할 때 왜 백엽상을 사용할까?
- 지역에 따라 기온이 다른 이유는 무엇일까?

우리 할머니는 살아 있는 기상대 같아. 비가 내릴 것 같지 않은 날씨인데도, 오늘은 비가 올 거라며 우산을 갖고 나가라고 말씀하시거든. 그러면 할머니 말씀대로 비가 온 적이 한두 번이 아니야.

"할머니는 어떻게 날씨를 그렇게 잘 맞히세요?"

내가 그렇게 여쭤 보니, 할머니는 "허리와 다리가 알려 주는 거란다."라고 하셨어. 할머니는 관절염에 걸리셨거든. 그래서 흐린 날씨가 되면 어김없이 허리와 다리가 쑤신대.

아참, 내 소개가 늦었구나. 나는 분당에 사는 4학년 원승현이라고 해. 나는 동시 쓰는 걸 좋아해. 우리 학교 복도에는 멋진 액자 속에 내가 쓴 동시가 걸려 있어.

그런데 갑자기 왜 할머니 이야기를 꺼냈냐고? 오늘 신난다 선생님이 날씨와 기온에 대해 알려 주셨거든. '날씨' 하니까 문득 할머니가 보고 싶지 뭐야. 과학 캠프에 와서 할머니를 보지 못한 지 이틀이나 됐거든. 할머니 생각에 눈물이 날 것 같았어. 이런 마음은 시로 표현해야 하는데.

"에취! 에에취!"

신난다 선생님이 들어오며 재채기를 크게 했어. 선생님이 눈을 동그랗게 뜨며 깜짝 놀라는 척하셔서 우리는 와르르 웃었지. 신난다 선생님은 언제 봐도 개그맨처럼 재미있는 행동을 하셔.

"감기에 자주 걸리는 계절이 언제지?"

선생님이 우리를 둘러보며 물으셨어.

"겨울이요."

"아니에요. 봄과 가을이요."

내가 대답하자, 신난다 선생님이 나를 향해 눈을 찡긋해 보였어.

"그래, 봄과 가을에 더 잘 걸리지? 봄과 가을에는 아침과 저녁, 낮의 기온 차이가 커서 감기에 걸리는 사람이 많아. 낮에는 덥지만, 아침과 저녁에는 기온이 뚝 떨어져 몸이 적응하지 못하기 때문이야."

신난다 선생님이 노트북을 열자 모니터에 이런 그림이 나타났어.

"이 기상도를 보렴. 올봄 4월 5일의 오전과 오후 기온이야. 오전에는 1도였던 충남과 전북 지역이 오후에는 18도나 올랐잖아. 이렇게 봄에는 기온 차이가 많이 나. 기온은 우리가 건강하게 생활하는 데 큰 영향을 미쳐. 그래서 일기예보에서 그날의 최저 기온과 최고 기온을 빠짐없이 알려 주는 거야."

"아하! 감기에 안 걸리려면 일기 예보를 잘 들어 둬야겠네요?"

현주가 물었어.

난 마음속으로 '우리 집에는 살아 있는 기상대가 계시니까 걱정 없어.'라고 말했어.

"그렇지. 아침저녁으로 기온이 뚝 떨어지면 병원을 찾는 사람들이 많아져. 그러니까 일기예보에서 기온이 갑자기 떨어진다고 보도하면 옷을 두툼하게 입고 외출해야 해. 이처럼 기온은 일상생활에서 꼭 필요한 정보야."

친구들이 고개를 끄덕였어. 그러더니 이내 호기심이 생겼는지 선생님께 질문을 쏟아 내기 시작했어.

"선생님, 그럼 기온이랑 온도는 어떻게 다른 거예요?"

"좋은 질문이구나. 기온은 공기의 온도를 말해. 어느 한 지점이 아니라 비교적 넓은 공간에서 측정한 공기의 온도지."

"그러면 기온은 어떻게 재는 거예요? 온도계로 재는 거예요?"

"온도계로 재는 건 맞지만, 아주 정확하게 재야 하니까 과학의 원리를 이용하지. 오늘은 기온을 재는 방법과 원리를 알아볼까? 우리가 기상청이 되어 보는 거야."

야호! 상상만 해도 즐거울 것 같았어.

첫 번째 미션

기온은 어떻게 측정할 수 있을까?

"과학에서 실험이 얼마나 중요한지는 다들 알고 있지? 모든 일에 계획을 잘 세워야 하는 것처럼 실험도 마찬가지야. 실험을 잘하려면 실험을 하기 전에 어떻게 할 것인지 계획부터 세워야 해. 어떤 실험을 하는지 정확하게 알고, 원하는 결과를 확인할 수 있는 방법을 찾아야 하지."

선생님이 실험의 중요성을 강조하면서 우리에게 온도계를 하나씩 나눠 주셨어.

"이 온도계로 현재의 기온을 재어 보자구나. 기온을 측정하기 전에 실험 계획부터 잘 세워야겠지?"

선생님은 우리에게 실험 계획표를 한 장씩 나눠 주셨어.

"기온은 정확해야 해. 기온을 잴 장소와 방법을 미리 계획하여 스스로 표를 작성해 봐."

나는 선생님의 말을 새기며 곰곰이 생각하다가 실험 계획표에 이렇게 썼어.

"계획을 다 세웠으면, 이제부터 밖으로 나가 15분 동안 기온을 재도록 해. 그리고 20분 후에 교실에 다시 모이도록 하자."

우리는 종이와 연필을 들고 밖으로 나왔어. 주현이 오빠는 운동장으로 갔고, 우영이는 복도에서 잰다고 했어. 은기 언니는 건물 밖의 응달진 곳으로 향했어. 그러고 보니 기온을 어디서 재야 하는지가 문제였어.

나는 계획대로 옥상으로 올라갔어. 그리고 해를 향해 최대한 키를 높여서 온도계를 들었어. 이렇게 온도를 재면 온도가 높게 나올 테고, 그게 가장 정확한 기온일 것 같았어.

딸랑 딸랑 딸랑!

신난다 선생님이 작은 종을 흔드시며 우리에게 교실로 모이라는 신호를 알렸어.

"너희가 잰 기온을 말해 볼까? 소수점까지 정확하게 말해 봐."

"저는 22.4도가 나왔어요."

"어? 저는 22도가 나왔는데요?"

"저는 23.2도가 나왔어요."

우리가 잰 기온은 저마다 달랐어. 우리는 이상해서 어리둥절한 얼굴로 서로 바라보았지. 대체 어떤 게 정확한 기온일까?

선생님은 컴퓨터를 켜고 기상청 홈페이지(www.kma.go.kr)로 들어가 현재의 기온을 찾았어.

"기상청 홈페이지에 가면 기온뿐만 아니라 기압, 습도, 불쾌지수 등 다양한 날씨 정보를 얻을 수 있어. 여기 있구나."

기상청 홈페이지에는 한 시간마다 우리 지역의 날씨와 기온 등이 나타나 있었어. 오늘 우리 지역의 기온은 23.5도였는데, 우리들 중에서 23.5도를 얻은 사람은 현주밖에 없었어.

"왜 이렇게 다른 결과가 나왔을까? 그 이유는 뭘까?"

신난다 선생님이 물으셨어.

"서로 다른 곳에서 온도를 쟀기 때문이에요. 어떤 사람은 그늘에서 온도를 쟀고요, 또 어떤 사람은 햇볕이 내리쬐는 곳에서 온도를 쟀어요. 제가 온도를 잴 때에는 바람이 많이 불었어요."

우영이가 또박또박한 목소리로 대답했어.

 "그렇지. 그렇다면 기상청은 어떻게 기온을 재는 걸까? 어떻게 재어야 가장 정확한 기온을 얻을까?"

 "아주 특별한 장치가 있을 거 같은데…… 요." 하고 내가 대답했지만 말을 얼버무렸어. 어떤 장치인지는 몰랐거든.

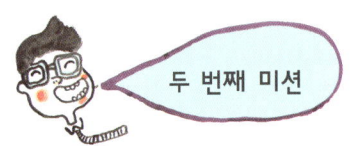

두 번째 미션

기상청의 관측소처럼 기온을 재어 보자!

우리는 선생님을 따라 교실 밖으로 나갔어. 운동장 한쪽 구석에 하얀 작은 집이 서 있었어. 마치 새집 같기도 하고, 다람쥐 집처럼 보이기도 했어.

백엽상

"이 집 안에 무엇이 있을까?"

선생님이 하얀 집의 문을 열었어. 나는 그 안에서 뭔가 튀어나올 것 같아 약간 긴장한 얼굴로 바라보았지. 그런데 그 안에는 내 예상과는 완전히 다른 것이 있었어.

"어? 온도계잖아요!"

"온도계를 왜 여기서 키우는 거죠?"

"온도계가 무슨 애완동물이니? 키우기는 뭘 키우니. 온도계를 보관하는 거지."

"그러니까 온도계를 왜 여기에 보관하는 거냐고. 누가 훔쳐 가면 어쩌려고!"

우리는 하얀 집 안으로 머리를 들이밀고는 서로 티격태격했어. 선생님이 그런 우리를 향해 입을 여셨어.

"이건 집이 아니라 백엽상이라고 해."

"백엽상이요? 내 친구 중에 백연상이란 애가 있는데…… 이름이 비슷하네요."

"백엽상은 기상청의 관측소에서 기온을 재는 기구야. 전국에 있는 관측소의 백엽상은 모두 같은 모양에 같은 구조를 하고 있어. 백엽상 안에는 통풍건습계, 최고온도계, 최저온도계, 자기온도계, 자기습도계 등을 설치해 두지."

나는 그제야 조금 알 것 같았어. 기온을 정확하게 재려고 백엽상에서 온도를 재는 거였어. 그런데 하필이면 하얀 집에서 기온을 재는 걸까?

"백엽상을 잘 관찰해 봐. 어떤 특징이 있지?"

"하얀색이고요. 긴 다리가 달려 있어요."

"문이 북쪽으로 나 있어요."

"남쪽 지붕이 북쪽 지붕보다 길어요."

신난다 선생님은 우리들의 대답에 가볍게 손뼉을 치셨어.

"잘 봤어. 그러면 왜 그렇게 만들었을까? 과학을 잘하려면 관찰도 잘해야 하고, 관찰을 통해 추리도 할 줄 알아야 해. 자, 백엽상은 우리나라 전국 어디에서나 모두 모양이 똑같아. 그렇다면 왜 이렇게 똑같은 모양으로 만든 것일까?"

선생님의 질문에 우리는 눈동자를 굴리면서 그 이유를 추리해 보았어. 하지만 아무도 선뜻 이유를 설명하지 못했지. 뭔가 과학적인 원리가 숨어 있기는 한데……. 선생님은 말없이 뒷짐을 지고 백엽상 주위를 천천히 돌기 시작했어. 우리도 뒷짐을 지고 선생님을 따라 백엽상을 빙글빙글 돌았지.

"아! 맞아요! 백엽상이 하얀색인 이유를 알 것 같아요!"

현주가 소리쳤어.

"그래, 그 이유가 뭐지?"

"하얀색은 빛을 반사시키잖아요. 그러니까 백엽상 안이 뜨겁지 않게 하려고 하얀색을 칠해 놓은 거예요."

"그렇지! 하얀색은 직사광선을 반사시켜 백엽상 안이 점점 따뜻해지는 것을 막기 위한 거야. 그렇다면 백엽상에 다리가 달린 이유도 알겠구나?"

"그건 제가 말할게요. 땅에 바짝 붙어 있으면 땅에서 올라오는 열 때문에 백엽상 안이 뜨거워질 수 있기 때문이에요."

우영이의 말에 선생님은 웃으면서 고개를 끄덕이셨어.

"그렇지. 다리가 달린 이유는 땅에서 올라오는 지열을 적게 받도록 하기 위해서지. 지열을 적게 받아야 공기의 온도(기온)를 정확하게 잴 수 있으니까."

"선생님, 백엽상이 빗살인 이유도 알겠어요. 바람을 잘 통하게 하려는 거예요."

"그래. 바람이 잘 통해야 일반적인 기온을 잴 수 있지. 그렇다면 문을 북쪽으로 둔 까닭은 무엇일까? 또 남쪽 지붕이 더 긴 까닭은 무엇일까?"

선생님의 질문은 정말 어려웠어. 우리는 다시 뒷짐을 지고 백엽상 주위를 다섯 바퀴쯤 돌며 생각했어.

"선생님이 힌트를 하나 주마. 한옥에 숨은 과학의 원리를 떠올려 보렴. 한옥은 왜 남쪽을 향해 지어질까? 처마는 왜 있는 걸까?"

난 할머니와 함께 시골집 한옥에 갔을 때를 떠올려 보았어. 그때 할머니가 해 준 말씀이 번뜩 생각나는 거야.

"저요! 제가 알 것 같아요!"

나는 큰 소리로 외쳤어.

"우리 할머니께서 그러셨는데, 집이 북향이면 햇빛이 잘 들어오지 않아서 남쪽으로 짓는 거래요. 또 처마를 두는 건 뜨거운 햇빛과 비바람을 막기 위해서래요. 그러니까 백엽상의 문이 북쪽으로 나 있는 건 햇빛이 잘 들어오지 않도록 막는 거예요. 남쪽에 문이 있으면 백엽상을 열 때 햇빛을 받아 온도가 올라갈 수 있으니까요. 또 남쪽 지붕이 더 긴 것도 남쪽의 햇빛을 막기 위해서고요."

친구들은 선생님과 내 얼굴을 번갈아 바라보면서 '정말 저 추리가 맞았을까?' 하는 표정을 지었지.

"맞았다! 훌륭해! 너무나 정확하게 설명했구나."

선생님이 활짝 웃으면서 칭찬을 했어. "와!" 하는 감탄 소리와 함께 친구들이 부러운 눈길로 나를 바라보았지. 난 마음속으로 '할머니, 고마워요. 할머니 덕분이에요.' 라고 말했어.

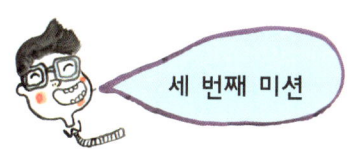

세 번째 미션

기온은 우리 생활에 어떤 영향을 줄까?

"이렇게 기상청에서 기온을 정확하게 재려고 하는 이유는 뭘까? 백엽상까지 설치하면서 말이야."

선생님의 질문에 아이들이 너도나도 대답했어.

"사람들이 감기에 걸리지 않게 하려고요. 오전과 오후의 기온 차이가 심하면 감기에 걸리니까요."

"옷을 입을 때 필요하기 때문이에요. 옷을 두툼하게 입어야 할지, 얇게 입어도 될지 알려 주잖아요."

"음식을 보관할 때 필요해요. 날씨가 더우면 음식이 상하니까요."

"보일러나 에어컨을 켤 때도 기온을 알면 좋아요."

"꽃 피는 날짜도 알 수 있을 것 같은데요?"

"개구리가 언제 나올지 미리 알 수 있을 것 같아요. 기온이 따뜻해지면 개구리가 겨울잠에서 깨서 나오잖아요."

우리는 신이 난 꼬마들처럼 생각을 마구 쏟아 냈어. 선생님이 그런 우리를 흐뭇한 표정으로 바라보셨어. 우리는 어느새 과학자가 된 듯

한 기분이었지.

"너희 의견이 다 맞아. 기온은 우리 생활에 많은 영향을 주지. 그래서 사람들은 추운 겨울을 대비해 김장을 담그기도 하고, 기온에 따라 자연의 변화가 달라지지. 그래서 봄에 개나리가 피기도 하고, 겨울잠을 자던 개구리가 잠에서 깨어나기도 해. 이 중에서 꽃피는 시기에 대해 한 번 알아볼까?"

선생님은 컴퓨터 앞으로 다가가 검색란에 '개화 시기'라고 입력했어. 그러자 모니터 화면에 이런 그림이 나타났어.

그건 바로 개나리와 진달래가 피는 시기였어. 가장 남쪽인 제주도에서 개나리와 진달래가 먼저 피었어. 나는 봄이 제주도부터 온다는 걸 처음 알았지.

선생님은 우리에게 지도를 가리키며 말문을 여셨어.

"해마다 개화 시기를 알리는 뉴스를 보면 이런 지도가 나온단다. 도시별로 측정한 기온을 보면 우리 지역에 언제쯤 봄이 올까, 하고 사람들이 예상하면서 봄을 기다리는 거지."

수업이 끝나고 나는 기온이 얼마나 중요한지 알게 됐어.

나는 백엽상에 대한 시를 써서 할머니한테 보여 드리고 싶었어. 멋진 동시를 써야지. 아, 어서 빨리 할머니를 만나러 가고 싶다.

| 원승현의 과학일기 | ☐년 ☐월 ☐일 |

백엽상

원승현(경기 분당, 성내초등학교 4학년)

백엽상은 빛과
절교했나 봐요.
빛을 도로 보내려고
항상 흰옷만 입으니까요.

백엽상은 땅과
어울리지 못해요.
땅의 친구인 지열을 피하려고
높은 곳에만 있으니까요.

백엽상은 바람과
단짝인가 봐요.
바람이랑 놀려고
항상 창문을 열어
놓았으니까요.

과학 실험한 내용을 동시로 표현해 봐. 새로운 느낌을 주는 시를 쓸 수 있을 거야.

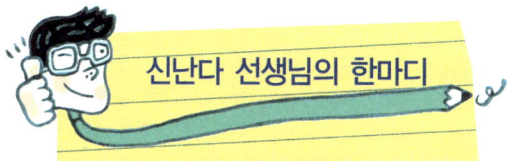

신난다 선생님의 한마디

　승현이는 과학 실험을 통해 알게 된 백엽상의 특징을 잘 살려 동시로 표현했구나. 백엽상이 흰색인 이유와 설치되는 높이, 그리고 빗살이 열려 있는 이유를 운율을 살려 재미있게 표현한 점이 돋보인다.

　보통 일기의 틀을 깨고 창의적으로 새로운 동시 형식으로 일기를 적었다는 게 아주 좋았어. 여기에 수업 시간에 실험한 내용과 백엽상에 대해 적거나, 기온에 대해 더 탐구해 보고 싶은 점들을 추가로 쓴다면 더욱 훌륭한 일기가 될 것이라 생각해.

　또 다른 과목에서 배운 내용을 함께 연결해 보는 것도 좋아. 그러면 풍성한 내용의 과학일기가 될 거야.

　앞으로 동시 말고도 만화나 과학 기사문, 인터뷰 형식 등 새로운 형식의 과학일기에 도전하는 승현이를 기대해 볼게.

신난다 선생님의 과학일기 특강

과학일기를 쓰면 어떤 점이 좋을까?

앞에서 과학일기를 왜 써야 하는지 이유를 설명해 줬지? 그 질문과 비슷하니까 연결해서 조금 더 깊이 설명해 줄게. 과학일기를 쓰면 좋은 점이 한두 가지가 아니야. 어느 정도로 좋냐 하면, 너희의 인생이 바뀔 만큼 좋아. 과학일기를 쓰면서부터 너희는 인생의 터닝포인트를 맞게 될 거야. 터닝포인트가 뭐냐고? 인생이 바뀌는 순간을 맞게 된다는 뜻이지.

과학일기를 쓰면, 공부를 잘하게 돼!

공부를 잘하는 사람과 못하는 사람의 차이점이 뭔 줄 아니? 공부를 못하는 사람은 내가 어떤 것을 모르는지도 몰라. 하지만 공부를 잘하는 사람은 내가 어떤 것을 모르는지 잘 알고 있지. 그래서 공부를 잘하는 사람은 모르는 부분만 파고들어 짧은

시간에 효과적으로 공부할 수 있는 거야.
과학일기가 바로 그렇게 만들어 줘. 과학일기는 내가 무엇을 모르고 있는지 자신에게 알려 주지. 또 내가 잘못 알고 있는 것이 무엇인지도 깨닫게 해. 그러니까 과학일기를 쓰는 순간이 진짜 공부의 터닝포인트가 되겠지?

과학일기를 쓰면, 공부가 체계적으로 잡히게 돼!

공부를 많이 했는데도 뭐가 뭔지 모르겠다고? 머릿속이 뒤죽박죽이라고? 그건 공부한 내용이 체계화가 되어 있지 않기 때문이야. 체계화가 뭐냐고? 공부한 내용을 머릿속에 차곡차곡 잘 정리정돈하는 걸 말해. 정리정돈을 잘해야 물건을 찾기도 쉽잖아. 공부도 마찬가지야. 체계화가 잘되어 있으면 언제 어디서든 잘 꺼내 쓸 수 있지. 과학일기는 공부한 내용을 머릿속에 체계화시켜 줘.

과학일기를 쓰면, 논리적이고 체계적인 글을 쓸 수 있어!

글을 잘 쓰고 싶니? 그런데 내 마음대로 잘 안 써진다고? 과학일기를 쓰면 자기도 모르게 글쓰기 훈련이 돼. '오늘 일기는 무엇을 쓸까?', '오늘 있었던 일을 어떻게 쓰면 재미있을까?' 하고 궁리하다 보면 자기도 모르게 생각하는 능력도 깊어지거든. 그래서 자신의 생각을 잘 정리할 수 있게 돼.
과학일기를 쓰면 논리적이고 체계적인 글을 잘 쓸 수 있어. 논리적이고 체계적인 글이란, 누가 읽어도 고개를 끄덕이게 만드는 글이야.

과학일기를 쓰면, 문제 푸는 능력이 키워져!

과학일기를 쓰면 생각이 깊어져. 그래서 생각하는 힘도 키워지고, 어려운 과학 문제도 잘 풀 수 있게 돼. 생각하는 힘이 바로 사고력이야. 과학일기를 쓰면 과학적인 사고력이 키워지지. 과학적인 사고력이 키워지면 어려운 과학 문제를 풀 수 있어. 그뿐만이 아니야. 사고력이 키워지면 너희가 어른이 되어서도 여러 분야에서 능력을 발휘할 수 있게 돼.

과학일기를 쓰면, 배운 내용을 절대 잊어버리지 않아!

과학일기를 쓰면 한 번 배운 내용은 절대 잊지 않게 돼. 오늘 학교에서 배운 내용으로 과학일기를 써 봐. 수업 시간에 내가 어떤 생각을 했는지 정리하고 되돌아볼 수 있게 될 거야. 수업 시간에 배운 내용을 생생하게 기억하고 내 것으로 만들 수 있어.
아무리 수업 시간에 많은 것을 배웠다고 해도, 수업이 끝나면 잊어버리지? 하지만 과학일기를 쓰면 수업 시간에 한 공부를 오랫동안 기억할 수 있어. 공부 효과가 확실하게 다르다는 것을 느낄 거야!

과학일기를 쓰면, 호기심과 질문이 많아져!

수업 시간이 끝날 때쯤 선생님이 궁금한 게 있으면 질문하라고 하지 않니? 그런데 질문거리가 생각이 안 나서 질문을 못 했다고? 궁금한 게 하나도 없었어? 질문거리가 없고, 궁금한 것도 없다면 공부를 잘못한 거야. 모르는 게 없다는 게 말이 안 되지. 모르는 걸 모르는 사람은 제대로 아는 것도 없는 거야.
하지만 이젠 걱정 마. 과학일기를 쓰면 내가 모르는 걸 알게 되거든. 공부한 내용들이 차곡차곡 머릿속에 정리가 돼. 그러면서 내가 무엇을 모르는지, 잘못 알고 있는 게 무엇인지 스스로 점검할 수 있게 돼.

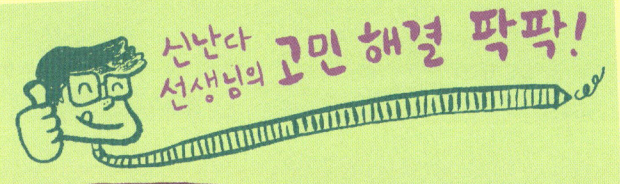

과학일기를 쓰면 좋은 점!

1 첫째, 글쓰기를 잘하게 돼.

2 둘째, 생각이 깊어져서 어려운 과학 문제를 풀 수 있는 능력이 자라.

3 셋째, 한 번 배운 과학은 까먹지 않게 돼.

4 넷째, 내가 무엇을 잘 알고, 무엇을 잘 못하는지 알게 돼.

5 다섯째, 공부했던 내용을 완전히 내 것으로 만들 수 있어.

과학일기를 쓰는 순간,

네 인생은 터닝포인트를 맞이하게 될 거야!

그럼! 진짜죠?

소현이의 변화무쌍 물질 이야기

물질의 특성을 알아보자

3장

〈교과서 찾아보기〉
- 3학년 1학기 1. 우리 생활과 물질
- 중학교 2학년 물질의 구성
- 중학교 3학년 물질의 특성

〈탐구력 호기심〉
- 물질은 어떤 성질이 있을까?
- 어떤 물질인지 밝히려면 어떻게 해야 할까?
- 폭죽은 어떻게 해서 아름다운 빛을 낼까?

"어험!"

신난다 선생님이 교실로 들어왔을 때 우리는 놀라서 뒤로 자빠질 뻔했어. 선생님은 머리에 아주 큰 왕관을 쓰고 계셨거든. '어험' 하면서 신난다 선생님은 헛기침을 하셨어.

우리는 자리에서 일어나 선생님을 보며 "와하하!" 웃으며 책상을 마구 두드렸지. 선생님도 웃음을 참으며 억지로 근엄한 표정을 지으셨어. 그 표정이 너무 웃겨서 나는 배꼽이 빠질 것만 같았어.

"오늘 나는 히에론 왕이다. 이것은 순금으로 만든 왕관이야."

"제가 보기에는 과자 상자에 금박지를 붙인 것 같은데요?"

내 말에 친구들이 또 한 번 크게 웃었어. 오늘은 신난다 선생님이 어떤 과학을 펼쳐 보이실까? 수업에 들어가기 전부터 우리는 호기심에 몸이 달았어.

내 이름은 김소현이야. 4학년이고 경기도 용인 수지에 살고 있어. 나는 어렸을 때부터 공주를 너무 좋아해서 지금도 그림을 그리라고 하면 공주 그림을 많이 그려. 그런데 오늘 신난다 선생님이 왕관을 쓴 모습을 보니 나도 왕관을 쓴 공주가 되고 싶지 뭐야.

신난다 선생님이 과자 상자 왕관을 쓰고는 우리 주변을 조심스럽게 걸어 다니셨어. 한 걸음 뗄 때마다 머리에서는 왕관이 떨어질 듯 흔들거렸지. 그 모습이 어찌나 웃기던지, 나는 웃음을 참느라 손으로 내 입을 틀어막아야 했어.

선생님은 왕처럼 의젓하게 의자에 앉으시더니 시칠리아 섬의 히에론 왕에 대한 이야기를 들려주기 시작했어. 그 이야기는 나도 이미 아는 유명한 이야기였어.

히에론 왕은 나라에서 가장 솜씨 좋은 금 세공사에게 순금으로 된 왕관을 만들어 오라고 명령했대. 금 세공사는 오래지 않아 화려한 순금 왕관을 완성했고, 왕은 자기가 내준 순금과 순금 왕관의 무게를 비교해 보았지. 그랬더니 무게가 똑같았어. 그런데 얼마 지나지 않아 이상한 소문이 퍼지기 시작한 거야. 금세공사가 왕에게 받은 금을 모두 사용하지 않고 은을 섞어 왕관을 만들었다는 것이었지.

소문을 들은 히에론 왕도 의심이 들기 시작했어. 정말 왕관이 순금으로만 만들어졌는지 확인하고 싶었던 거야. 히에론 왕은 그 당시 가장 지혜로운 학자였던 아르키메데스에게 왕관을 손상시키지 않고 순금인지 아닌지 알아내라고 명령했대. 아르키메데스는 무게가 같아도 은의 부피는 금의 부피와 다르니까, 왕관의 무게를 잰 다음 그 무게만큼의 순금과 왕관의 부피를 재는 방법을 쓰기로 했어. 그런데 왕관을 손상시키지 않고 부피를 잴 수 있는 방법이 생각나지 않았지. 육면체 같은 도형이라면 몰라도 모양이 제멋대로인 왕관은 부피를 잴 방법이 없었거든. 왕관의 부피를 재려면 왕관을 녹여 육면체 같은 덩어리로 만들어야 했지.

"목욕탕에서 방법을 찾았잖아요."

갑자기 우영이가 아는 척을 하면서 끼어들었어.

"그랬지. 그래서 아르키메데스는 너무 기뻐 '유레카'라고 소리 지르면서 실오리 하나 걸치지 않은 채 발가벗고 뛰쳐나왔대. 아르키메데스가 큰 물통에 물을 가득 붓고는 순금 덩어리를 집어넣자 순금의 부피만큼 물이 넘쳤지. 이번에는 왕관을 집어넣자 왕관의 부피만큼 물이 넘쳤어. 아르키메데스는 순금 덩어리를 넣었을 때 넘친 물의 양과 왕관을 넣었을 때 넘친 물의 양을 비교했어. 그랬더니 왕관의 부피가 순금 덩어리의 부피보다 컸던 거야. 결국 금 세공사는 순금을 빼돌리고 은을 섞었다는 게 들통 나서 벌을 받았대."

선생님은 우리들을 둘러보고 다시 입을 여셨지.

"이 이야기는 우리에게 무엇을 알려 주는 것일까?"

"부피요."

"그래. 아르키메데스는 물질의 부피를 이용해 어떤 물질인지 알아냈던 거지. 단위 부피당 질량을 나타내는 값을 밀도라고 해."

"그러면 모든 물질은 밀도가 모두 다른가요?"

"그렇지! 그래서 밀도를 물질의 특성이라고 하는 거야. 물질의 특성은 한 물질을 구별해 낼 수 있는 고유한 성질이거든. 이 세상에는 수없이 많은 물질이 있고, 이 물질들은 모두 자기만의 독특한 성질을 갖고 있어. 그 물질을 알아볼 수 있을 만큼 독특한 성질을 특성이라고 해. 아르키메데스는 물질의 특성을 이용했던 거야. 그렇다면 밀도 말고 물질마다 다른 특징에는 또 어떤 게 있을까?"

"어는점이요!"

"끓는점이요!"

친구들이 손을 들고 말했어. 그러고 보니까 나도 학교에서 선생님한테 물질마다 어는점이나 끓는점이 조금씩 다르다는 것을 들었던 것 같아. 그럼 어떤 물질은 빨리 끓고, 또 어떤 물질은 천천히 끓는 것일까?

첫 번째 미션

물질은 어떤 성질이 있을까?

신난다 선생님은 우리를 교실 한가운데 있는 큰 책상 앞으로 모이라고 했어.

"너희 모두 각자 성격이 달라. 그렇지?"

"그럼요!"

"그런 것처럼 물질에도 각자 성질이 있어. 그걸 뭐라고 할까?"

"물질의 특성이요."

우리는 입 모아 대답했어.

"그래. 이번 시간에는 물질의 특성에 어떤 것들이 있는지 알아보려고 해."

신난다 선생님은 작은 주머니를 꺼내 뒤적거리시더니 여러 가지 물건들을 하나씩 꺼내기 시작했어.

"초콜릿도 있고, 돌멩이도 있네. 젤리도 있어."

"저 하얀 가루는 뭐지? 하얀 덩어리는 또 뭐야?"

친구들은 호기심 가득한 눈으로 물건들을 바라보았어.

"물질의 성질을 알아보는 방법에는 겉보기 성질을 알아보는 법이 있어. 맛, 색깔, 냄새, 결정 모양, 촉감, 굳기 등으로 주로 관찰을 통해서 알아내는 법이지."

"이제부터 맛도 보고, 만져 보고, 냄새 맡고, 색도 보는 등 오감을 사용하여 관찰해 봐. 하지만 맛을 볼 때에는 선생님한테 맛을 봐도 되는지 꼭 허락을 받도록 해. 이 중에는 절대 맛을 보면 안 되는 물질이 있거든."

겉보기 성질로 물질의 성질을 알아보기

소금에 절인 배추   초콜릿

맛의 차이로 알 수 있다.
맛에는 단맛, 신맛, 쓴맛, 짠맛 등이 있다.

금, 은, 동메달

색깔로 구별할 수 있다.
물과 식용유도 투명한 색과 노란색으로 구별이 가능하다.

장미   레몬

냄새로 구별할 수 있는 성질이다.

눈의 결정 모양   인공적으로 만든 결정

결정 모양은 눈으로 보고 구별할 수 있는 성질이다. 하지만 눈으로 직접 볼 수 있는 결정은 극히 드물다. 대부분 결정은 아주 작아서 현미경으로 관찰해야 한다.

사포   두부

촉감으로 구별할 수 있는 성질이다.

자갈   젤리

굳기 또는 강도라고도 하며, 딱딱한 정도로 물질의 특성을 알 수 있다.

우리는 킁킁 냄새도 맡고, 만져도 보고, 색도 살피면서 물질의 특성을 알아보았어. 그리고 관찰 노트에 하나씩 적기 시작했지. 관찰이 끝나자 선생님은 우리에게 손을 깨끗하게 씻으라고 하셨어.

"제일 마지막에 있는 하얀 덩어리는 나프탈렌이란 거야. 그건 절대로 맛보면 안 돼. 자, 겉보기 성질만으로 물질을 알 수 있을까?"

"아니요. 겉보기 성질만으로는 물질을 알 수는 없어요. 소금이나 나프탈렌은 모두 하얗잖아요. 또 초콜릿과 돌멩이, 나프탈렌은 딱딱하고요."

"그래. 겉보기만으로는 어떤 물질인지 확실히 알아낼 수 없어. 그래서 물질의 다른 특성을 이용해서 물질을 알아내지. 예를 들면 밀도, 끓는점, 어는점, 용해도, 불꽃반응 색 등과 같은 물질의 특성을 이용하는 거야."

선생님은 그렇게 말하며 우리에게 퀴즈를 내셨어.

"다음 중 물질의 특성에 해당하는 것에 표시를 해 봐. 퀴즈를 맞히면 초콜릿을 하나씩 줄게."

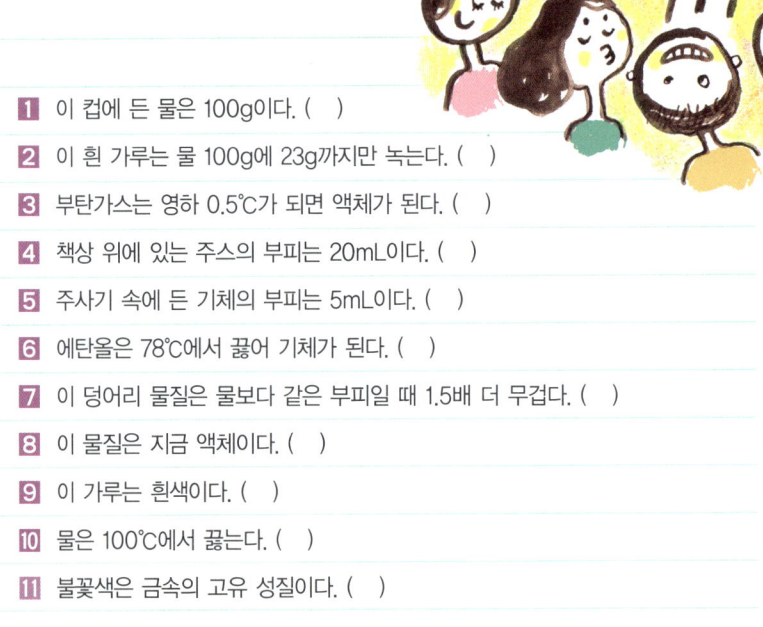

1 이 컵에 든 물은 100g이다. (   )
2 이 흰 가루는 물 100g에 23g까지만 녹는다. (   )
3 부탄가스는 영하 0.5℃가 되면 액체가 된다. (   )
4 책상 위에 있는 주스의 부피는 20mL이다. (   )
5 주사기 속에 든 기체의 부피는 5mL이다. (   )
6 에탄올은 78℃에서 끓어 기체가 된다. (   )
7 이 덩어리 물질은 물보다 같은 부피일 때 1.5배 더 무겁다. (   )
8 이 물질은 지금 액체이다. (   )
9 이 가루는 흰색이다. (   )
10 물은 100℃에서 끓는다. (   )
11 불꽃색은 금속의 고유 성질이다. (   )

우리는 끙끙대며 열심히 풀었어. 선생님은 흐뭇한 미소를 지으며 입을 여셨어.

"모두 열심히 풀었니? 지금부터 답을 알려 줄게. 스스로 체크해 보렴. 1번, 컵에 든 물의 양은 조절할 수 있으니 물질의 특성이 아니야. 2번, 물 100g에 23g까지만 녹는 이 가루는 용해도가 23인 물질이니까 다른 물질과 구분할 수 있는 물질의 특성이야. 3번, 부탄가스가 액체가 되는 온도는 0.5℃로, 이 온도는 끓는점과 같은 거야. 즉 액체 부탄가스가 0.5℃에서 끓어 기체가 된다는 말이니까 물질의 특성이라고 할 수 있어. 4번, 책상 위에 있는 주스의 부피도 우리가 조절할 수 있는 양이니까 물질의 특성이 아니지."

선생님의 설명이 계속 이어졌어. 여기저기서 "와, 나 맞았어.", "어떡해. 난 틀렸어." 하는 소리가 들려왔어.

"5번, 주사기 속에 든 기체의 부피 역시 우리가 넣고 뺄 수 있으므로 물질의 특성이라고 할 수 없어. 6번, 에탄올의 끓는점을 말하고 있으므로 물질의 특성이고 7번, 같은 부피일 때의 무게를 밀도라고 하잖아. 밀도는 물질의 특성이야. 8번, 지금 액체인 물질은 온도에 따라 고체가 될 수도 있고, 기체가 될 수도 있으므로 물질의 특성이라고 할 수 없어. 액체나 고체, 기체와 같은 형태를 물질의 상태라고 해. 9번, 조금 전에 관찰한 것처럼 겉보기 성질은 물질의 고유한 특징이 아닐 수도 있어. 흰색 가루 물질은 설탕, 소금, 가루 나프탈렌, 밀가루, 소다 등이 있으니까. 10번, 물의 끓는점을 말하고 있는 건데, 끓는점은 물질의 특성이야. 여기까지 다 맞은 사람?"

선생님이 우리를 둘러보셨어. 그런데 놀랍게도 나 혼자 다 맞은 거야!

"김소현, 대단한걸!"

선생님의 칭찬에 친구들이 부러운 눈길로 나를 바라보았어. 나는 어깨가 으쓱했지. 이제 한 문제만 맞히면 저 초콜릿은 내 것이야!

"마지막 11번, 불꽃색은 물질의 특성일까?"

"아니요."

나는 자신 있게 말했어. 왜냐하면 불꽃은 대부분 빨간색 아니면 파란색이잖아. 그러니까 물질의 특성이 될 수 없다고 생각했지.

"미안하지만 불꽃색은 금속의 성질을 나타내 주는 물질의 특성이야."

"네? 불꽃색이요?"

나만 놀란 게 아니라 다른 친구들도 놀랐어. 불꽃색이 물질의 특성이라니!

"너희가 놀라는 게 당연해. 하지만 이번 실험을 해 보면 확실하게 알 수 있을 거야."

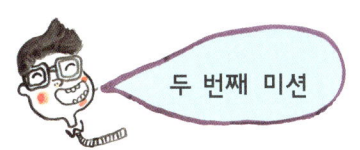

두 번째 미션
네 가지 가루가 각각 어떤 물질인지 구분해 보자

신난다 선생님은 여러 가지 물질들을 책상 위에 꺼내 놓으셨어. 겉으로 봐서는 어떤 가루인지 알 수 없었지. 페트리 접시와 알코올 등도 준비되어 있었어.

"이제부터 불꽃색으로 8가지 물질의 특성을 알아보자. 각각의 물질을 페트리 접시에 올려 두고 알코올을 떨어뜨린 다음에 불을 붙여 보는 거야."

선생님은 이번 실험에서 주의할 점을 알려 주셨어. 불꽃에 너무 가까이 가지 말고, 꼭 보안경을 착용하여 눈을 보호해야 한다고 말이야. 또 물질이 타면서 연기가 날 수 있어서 우리는 창문을 활짝 열었어.

나는 마치 꼬마 화학자가 된 기분이었어.

알코올을 떨어뜨린 페트리 접시에 불을 붙이자 놀라운 현상이 일어났어. 물질마다 색깔이 다르게 나타나는 거야.

나는 물질에 있는 이름들을 가만히 살폈어. 염화나트륨, 질산나트

륨, 염화칼슘, 질산칼슘, 염화칼륨, 질산칼륨, 염화스트론튬, 질산스트론튬. 어휴, 외우기도 어려운 복잡한 이름이었어.

'불꽃색이 물질의 특성이라고 하셨는데……. 그렇다면 뭔가 불꽃에 특성이 있을 텐데…….'

나는 불꽃을 뚫어져라 살폈어.

"실험 결과를 정리해 볼까?"

우리는 실험 노트에 색깔을 하나씩 적어 넣었어.

"불꽃색이 같은 물질의 공통점은 뭐지?"

"노랑은 나트륨, 주황은 칼슘, 보라는 칼륨, 그리고 빨강은 스트론튬……. 이름 뒤쪽에 나트륨, 칼슘, 칼륨, 스트론튬이 붙은 것끼리 같은 색이에요!"

우리는 대단한 걸 발견한 듯이 크게 대답했어.

"종류가 다른 물질인데, 불꽃색이 같은 이유는 무엇일까?"

선생님이 또 한 번 질문하셨어.

"그건 혹시……."

내가 조심스럽게 입을 열었지.

"혹시?"

"이 물질 속에 있는 원소가 같기 때문이 아닐까요?"

나는 자신 없어서 작은 목소리로 대답했지.

"원소라니?"

"우리 아빠가 그러셨는데요. 물질에는 원소라는 게 있대요. 물질을 이루는 가장 기본이 되는 요소래요."

선생님과 친구들이 흥미진진한 얼굴로 나를 바라보았어.

"그래서?"

"우리가 눈으로 봤을 때에는 알 수 없지만, 원소가 같으니까 물질의 특성도 같고, 그래서 같은 불꽃이 일어나는 것 같아요."

잠시 교실이 조용해졌어.

"맞았어. 넌 대단한 추리여왕이구나!"

선생님의 칭찬에 난 얼떨떨했어. 얼떨결에 대답했는데 정확하게 맞히다니!

"소현이의 말대로 불꽃색이 같은 것은 이 물질에 포함된 원소가 같기 때문이야. 원소란 물질을 이루는 가장 기본이 되는 요소인데, 화학적으로 더 이상 다른 성질의 물질로 나눌 수가 없지. 어떤 방법으로도 분해되지 않는 물질이 바로 원소야."

선생님은 페트리 접시에 있는 물질들을 들어 보이며 말씀하셨어.

"우리가 보기에 염화나트륨과 질산나트륨은 다른 물질이야. 또 염화칼슘이나 질산칼슘도 다른 물질이지. 하지만 불꽃색이 같은 이유는 이 속에 포함된 금속 원소가 같기 때문이야. 두 종류 이상이 섞인 물질을 화합물이라고 해. 염화나트륨, 질산나트륨, 염화칼슘 등은 바로 화합물이지."

선생님이 칠판에 쓴 것을 보니까, 이제야 우리가 화합물을 갖고 실험했다는 걸 알게 되었어.

"금속 원소는 리튬(Li), 나트륨(Na), 칼슘(Ca), 칼륨(K), 구리(Cu), 망간(Mn), 스트론튬(Sr) 등이 있어. 이런 금속 원소가 다른 물질과 결합되어 있는 상태를 금속 원소가 포함된 화합물이라고 해. 예를 들어 염화나트륨은 염소와 나트륨의 화합물인데, 이 물질에는 나트륨이라는 금속 원소가 포함되어 있는 거지."

"그러면 우리가 본 불꽃색은 금속색인가요?"

"그래. 금속을 불꽃에 넣으면 색깔을 띠지. 불꽃색은 금속성을 구분할 때 사용할 수 있는 물질의 특성인 거야. 이제 우리가 한 실험의 결론을 내려 보자. 이 세상에는 수많은 물질이 있어. 그중에서 모든 특성이 똑같은 물질이 있을까?"

"아니요. 없어요."

기분이 들뜬 내가 제일 큰 소리로 대답했어.

"그래. 물질의 특성이 같은 물질은 없어. 물질의 특성은 그 물질만이 가진 유일한 특성이니까. 따라서 특성을 알면 어떤 물질인지 알 수 있어. 같은 특성을 가진 두 가지 이상의 물질은 이 세상에 없다는 말이야."

신난다 선생님이 내게 앞으로 나오라고 손짓하셨어. 난 부끄러워 빨개진 얼굴로 걸어 나갔지. 그러자 선생님은 왕관을 내 머리에 씌워 주시며 말씀하셨어.

"오늘부터 김소현 어린이를 화학의 여왕으로 명한다. 모두 머리를 숙여 경의를 표하도록."

선생님은 마치 기사처럼 경례를 했어. 친구들도 웃으면서 선생님을 흉내 냈지. 나는 왕관이 머리에서 떨어지지 않도록 조심스럽게 걸음을 뗐어. 비록 종이 상자로 만든 왕관이었지만, 내 머리에서 화려하게 빛났어. 난 정말이지 여왕이 된 것 같았지.

　어렸을 때부터 공주에 그렇게 관심이 많았고, 공주 그림만 그리던 내가 드디어 여왕이 되다니!

　아, 과학은 나를 너무 행복하게 만들어 줘!

김소현의 과학일기   년 월 일

시약을 떨어뜨리면 마법이 일어나!

김소현(경기 수지, 용인신곡초등학교 4학년)

내 친구 현주에게

안녕, 친구야! 새삼스럽게 편지를 쓰니까 어색하고 쑥스럽구나. 이렇게 편지를 쓰니까 우리가 특별한 사이가 된 것 같아.
옛날에 훌륭한 과학자들은 서로 편지를 주고받으며 과학 실험을 했던 결과를 전하고 그랬대. 그래서 나도 훌륭한 과학자들을 흉내 내 보려고 편지를 쓰는 거야.
오늘 내가 한 과학 실험은 시약으로 물질의 성질을 알아보는 거였어. 난 여러 시약을 알코올에 떨어뜨리고 그곳에 불을 붙여 보았어. 처음에는 모든 시약이 불에 타는 색깔이 모두 같을 줄 알았는데, 직접 불을 붙이고 시약을 떨어뜨려 보니까 그렇지 않더라. 시약에 따라 불의 색깔이 달랐어. 내가 처음에 했던 생각이랑 달라서 너무 신기했어.
나는 염화나트륨, 질산나트륨, 염화칼슘, 질산칼슘, 염화칼륨, 질산칼륨, 염화스트론튬, 질산스트론튬에 불을 붙여 보았는데 새로운 사실을 알게 되었어. 그것은 뒤쪽 이름(나트륨, 칼륨 등)이 같으면 불꽃색이 같다는 거야.
친구야, 그 이유가 뭔 줄 아니? 금속 원소 때문이야. 같은 금속 원소를 가지고 있어서 그랬던 거야. 금속 원소는 참 신기한 것 같지?
나는 오늘 시약을 떨어뜨리면서 많은 것을 알게 된 것 같아.

특히 나트륨, 칼륨, 칼슘, 스트론튬이 예쁜 색깔을 만들어 낸다는 것(나트륨-주황색, 칼슘-다홍색, 칼륨-보라색, 스트론튬-빨간색)이 기억에 남아. 어떻게 그 작은 시약들이 예쁜 불꽃을 만들어 내는지 놀라웠어.
이번 과학 시간을 통해 새로운 사실을 알게 돼 참 좋았던 것 같아. 이 예쁜 불을 너랑 같이 볼 수 있었으면 좋을 텐데. 아쉽지만 할 수 없겠지? 그럼 잘 있어!

과학일기를 편지로 써 봐. 과학 원리를 더 잘 이해하게 돼!

신난다 선생님의 한마디

　　소현이가 물질의 성질을 공부하고 쓴 일기구나. 소현이의 친구는 이 편지를 읽고 금속 물질마다 불꽃색이 왜 다른지 쉽게 알 수 있겠는걸. 편지 형식으로 일기를 써서 새롭고 이해하기도 쉬워. 이렇게 누군가에게 설명을 하다 보면 스스로 더 잘 이해가 되는 법이지. 선생님은 소현이의 일기가 계속 기대되는구나.

　　이제 소현이도, 소현이 친구도 불꽃 반응에서 금속에 따라 색이 다르게 나타난다는 사실과 금속 원소마다 고유의 불꽃색을 가진다는 것을 오랫동안 기억할 수 있을 것 같아.

　　앞으로는 수업 시간에 배운 내용을 다른 곳에 적용할 계획을 세워 봐. 또 일상생활과 과학을 연결한 내용을 만화나 기사문, 동시 등으로 표현하는 것에도 도전해 봐.

　　하지만 소현아, 선생님이 한 가지 아쉬운 점도 있어. 과학 공부를 하면서 느낀 생각이 구체적으로 표현되지 않은 점이야. 이런 부분을 보완하여 자신의 생각을 충분히 글로 표현한다면 더욱 좋은 과학일기가 될 거야. 잘할 수 있겠지?

신난다 선생님의 과학일기 특강
과학일기는 어떻게 써야 할까?

1 내용 떠올리기 | 우선 그날 배운 내용을 떠올려 보도록 해. 기억이 나지 않으면 책을 펴고 배운 부분을 훑어 봐.

2 형식 정하기 | 어떤 형식으로 쓸 것인지 정하도록 해. 편지로 쓸지, 만화로 그릴지, 아니면 동시로 쓸지 새로운 형식으로 도전해 봐. 형식을 정했다면 그 다음에는 내용을 간략하게 정리하고 원리나 개념, 느낀 점 등을 정리해 보는 거야.

3 날짜 쓰기 | 이제 본격적으로 일기를 써 보자. 보통 일기를 쓸 때에 꼭 갖춰야 할 게 있어. 날짜와 날씨, 제목이야.

날짜를 쓰지 않았다면 언제 썼는지 확인할 방법이 없어. 과학일기도 마찬가지야. 글자는 정성을 들여 또박또박하게 써. 그리고 날짜는 '0000년 00월 00일 0요일'로 정확하게 적도록 해.

4 날씨 쓰기 | 날씨는 창의력을 발휘해서 멋지게 써 봐. 예를 들어 '엄마가 우산을 챙겨 준 날', '발이 시려 동동 떤 날', '너무 더워 얼굴이 빨개진 날' 등으로 표현해 보는 거지.

5 제목 쓰기 | 제목은 한눈에 보면 내용을 알 수 있도록 지어 봐. 재미나게, 통통 튀는 소리가 나는 것처럼 말이야. 예를 들어 '새우깡과 양파링, 어떤 걸 먹으면 힘이 더 날까?', '땅속 세계 지렁이가 되어 보자', '과학 탐정, 공주를 구출하다!' 등으로 지어 보는 거야.

6 전체적으로 쓸 내용 잡기 | 처음 과학일기를 쓰기 시작하면 막연할 거야. 무엇부터 써야 할지 막막해서 눈동자만 이리저리 굴리겠지.
자, 여기 방금 구운 따끈따끈한 붕어빵이 있어. 이 붕어빵을 먹을 때에는 어느 부위부터 먹니? 나는 머리부터 먹어. 그 다음 달콤한 앙금이 든 몸통을 먹고, 마지막에 바삭바삭한 꼬리를 먹지.
과학일기도 마찬가지야. 붕어빵처럼 처음에는 서론(머리), 그 다음에 본론(몸통), 마지막에 결론(꼬리)을 쓰는 거야. 너무 어렵게 생각하지 마. 너희는 머리부터 하나씩 차근차근 맛있게 쓰면 돼. 무슨 소리냐고?

7 서론 쓰기 | 서론은 붕어빵의 바삭한 머리라고 할 수 있어. 수업 시간에 했던 내용을 소개하면 돼. 수업을 하기 전 나의 마음이 어떠했는지 적어 주는 것도 좋아.

8 본론 쓰기 | 본론은 붕어빵의 달콤한 몸통이라고 할 수 있어. 어떤 내용을 공부했는지 공부한 내용과 과정을 적어 보도록 해. 또 공부하기 전에 자신의 생각은 어떠했는데, 수업을 하고 난 다음에 어떻게 바뀌었는지도 적도록 해. 과학적인 원리와 개념, 재미있고 흥미로웠던 점, 느낀 점이 들어가면 더욱 좋아.

9 반드시 키워드를 쓰기 | 너희가 과학일기를 쓸 때 꼭 넣었으면 하는 게 있어. 바로 키워드야. 공부에는 '키워드'라는 게 있어. 키워드란, 어떤 문제를 해결할 수 있는 열쇠가 되는 말이란 뜻이야. 그러니까 공부를 할 때 반드시 알아야 할 아주 중요한 핵심 용어나 개념이 바로 키워드라고 할 수 있지.
과학을 잘하려면 과학의 키워드를 반드시 알아야 해. 과학의 키워드로 과학의 개념을 정확하게 익힐 수 있거든. 그러니까 과학일기를 쓸 때에는 과학의 키워드를 담아 주면 좋아. 아주 훌륭한 일기가 될 테니까.

10 탐구 과정 쓰기 | 실험이나 탐구 활동을 했다면, 그 탐구 과정을 순서대로 적으면서 결과를 적어 봐. 또 글만 쓰지 말고 만화나 그림, 표, 그래프로 나타내고 설명해도 좋아.

11 결론 쓰기 | 결론은 붕어빵의 고소한 꼬리라고 할 수 있어. 수업 내용에서 새롭게 알게 된 점과 흥미로웠던 점, 아쉬웠던 점을 적도록 해. 또 수업의 주제가 무엇인지 한 단락 정도 적어 줘도 좋아. 처음에 가졌던 생각과 탐구 후에 생각이 어떻게 바뀌었는지를 쓰는 것도 중요해.

12 앞으로의 다짐 쓰기 | 마지막에는 수업을 마친 후에도 이해가 안 되거나 모르는 단어를 해결하지 못했을 때 적도록

해. 더 알고 싶은 것을 적어도 좋아.

13 스스로 점검하기 | 다 썼으면, 일기 내용이 자연스럽고 문장을 제대로 적었는지 스스로 점검하도록 해. 처음부터 또박또박한 목소리로 소리 내어 읽어 봐. 눈으로 읽지 말고 반드시 소리 내어 읽도록 해. 잘 썼다면 자기 자신에게 칭찬을 해. 네 이름이 민지라면, "민지야, 정말 잘 썼구나. 앞으로도 계속 잘 쓸 거지?"라고 말해 줘.

과학일기를 쓰면서 실험을 하거나 수업을 할 때를 돌이켜 봐. 그때 분위기를 다시 느낄 수 있을 거야. 또 그때 가졌던 자신의 생각도 다시 떠올릴 수 있을 거야. 그래서 과학일기를 쓰면 오랫동안 기억에 남게 되는 거야.
물론 과학일기를 쓰는 것은 쉬운 일은 아니야. 하지만 힘든 만큼 얻는 것도 정말 많아. 과학일기를 쓸 때마다 너에게 대단한 과학 능력이 생길 거야.
아참! 과학일기는 날마다 쓰지 않아도 돼. 처음에는 부담 갖지 말고 일주일에 한두 번만 써 보도록 해.

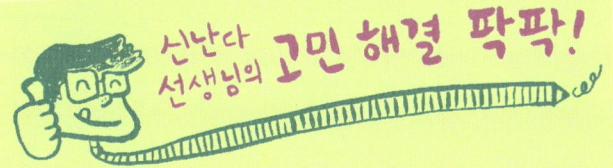

'오늘 어떤 일기를 쓸까?' 하고 고민을 할 때

'오늘 어떤 과학 키워드를 담을까?' 하고 함께 고민을 해 봐.

그러면 정말 최고의 과학일기를 쓸 수 있을 거야.

예린이의 물렁물렁 물질 이야기

4장. 순수한 기체를 만들고 모아 보자

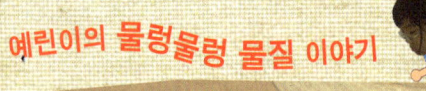

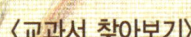

〈교과서 찾아보기〉
- 3학년 1학기 1. 우리 생활과 물질
- 3학년 2학기 1. 액체와 기체의 부피
- 6학년 2학기 3. 여러 가지 기체

〈탐구력 호기심〉
- 이산화탄소는 어떻게 해야 발생될까?
- 이산화탄소는 어떻게 해야 모을 수 있을까?
- 산소는 어떻게 해야 발생시킬 수 있을까?
- 촉매란 무엇이고, 어떤 역할을 할까?

우리 과학 캠프는 숲 속에 있어. 캠프 주변으로 나무들이 우거져 있고, 이름 모를 새들이 맑은 목소리로 노래를 하곤 해. 이곳에 있다 보면 내가 살았던 도시가 까마득하게 먼 세상처럼 느껴져. 이런 곳에서 과학 공부를 함께할 친구들을 만나니 반가워. 내 이름은 신예린이야. 5학년이고, 동수원에서 왔어.

오늘은 아침 일찍 일어나 신난다 선생님과 함께 숲 속으로 산책을 나왔어. 우리는 하늘 높이 솟은 나무들 사이를 거닐면서 맑은 공기를 마셨어. 머릿속까지 시원해지는 느낌이었지. 다람쥐가 도토리를 줍다가 우리를 보고 깜짝 놀란 눈으로 바라보더라. 모든 게 평화로운 아침이었어.

"공기 참 맑아요!"

나는 두 팔을 활짝 펴면서 숨을 크게 들이마셨어.

"공기가 정말 있어?"

선생님이 갑자기 우리를 쳐다보며 물으셨어. 선생님은 가끔 이렇게 엉뚱한 질문을 툭툭 던지셔.

"공기가 정말 있지요. 없으면 우리가 어떻게 숨을 쉬겠어요?"

나는 어이가 없다는 표정을 지었어.

"만져 봤어?"

"아니요."

"눈으로 봤어?"

"아니요."

"맛을 본 적 있니?"

"아니요."

"거 봐. 있는지 없는지도 모르면서. 공기가 있다면 있다는 걸 증명할 수 있어야지. 증명할 수 없으면 없는 거야."

선생님은 팔짱을 끼면서 천연덕스러운 표정을 지으며 고개를 갸웃거리셨어.

나는 입술을 오물조물거리면서 뭐라고 말을 하려고 했지만, 정확한 대답이 떠오르지 않았어. 그건 다른 아이들도 마찬가지였지. 이렇게 쉬운 질문에 대답을 못 하다니! 난 5학년이나 되는데다가 과학을 백점 맞은 적이 한두 번이 아닌데!

신난다 선생님은 우리가 대답을 못하고 쩔쩔매는 모습을 보며 입가에 미소를 지으셨어. 뒷짐을 지고 콧노래를 흥얼거리면서.

그때 한 줄기 바람이 불어와 나뭇잎이 바람결에 날렸지. 갑자기 소현이가 소리쳤어.

"알았어요!"

우리는 동시에 소현이를 바라보았어.

"나뭇가지와 나뭇잎이 바람에 흔들리잖아요. 그건 공기가 있다는 뜻이에요."

"오호! 신 나기 시작하네."

그때 내 머릿속으로도 시원한 바람 한 줄기가 불었어.

"나도 알아냈어요! 저 하늘에 구름을 보세요. 구름이 흘러가는 건 공기가 움직이기 때문이에요."

"오호! 신 난다, 신 나! 너희들 관찰력이 대단한걸."

신난다 선생님은 그제야 만족스러운 표정을 지으셨어.

"우리 주변은 공기로 둘러싸여 있지. 이렇게 맑은 숲 속의 공기를 유리병에 보관해 놓고 두고 마셔야겠다."

선생님은 가방에서 유리병을 하나 꺼내 '획' 하고 공기를 병에 담고 뚜껑을 단단히 막았지.

"공기에는 여러 가지 기체가 섞여 있어. 질소, 산소, 이산화탄소, 아르곤, 헬륨……. 공기 속에서 우리가 원하는 기체만 골라내기는 몹시 어려운 일이야. 하지만 우리가 원하는 기체를 만들 수는 있어."

"어떻게요? 우리도요?"

"물론이지. 오늘은 우리 순수한 기체 만들기에 도전해 볼까? 세상에서 가장 맑은 산소를 만들어 보는 거야."

"신 난다, 신 나!"

우리는 선생님을 따라가면서 선생님의 말투를 흉내 내 소리쳤어.

첫 번째 미션

순수한 기체를 만들어라!

실험실로 들어서면서 내가 선생님께 말했어.

"다른 건 몰라도 이산화탄소는 만들 수 있을 것 같아요."

"어떤 방법으로?"

"우리는 산소를 마시고 이산화탄소를 내뱉잖아요. 그러니까 우리가 내쉬는 숨을 모으면 이산화탄소를 얻을 수 있어요. 아주 큰 비닐봉투를 준비해서 입에 대고……."

"언니! 그러다가 우리 모두 숨 막혀서 죽겠네."

소현이의 말에 다른 친구들이 웃었어. 하긴 내 생각에도 별로 좋은 방법 같지는 않았어.

"우리가 마시는 들숨과 내뱉는 날숨이 순수한 기체는 아니야. 여러 가지가 섞인 혼합 기체이지. 그러니까 설사 모을 수 있다고 해도 순수한 이산화탄소를 모을 수는 없어."

선생님의 설명에 나는 고개를 끄덕였어.

실험실에서 선생님은 하얀 가운을 입고는 재빨리 실험 도구들을 꺼내시기 시작했어. 그 속도가 너무나 빨라서 우리는 멍하니 선생님만 바라보았지. 어느새 책상 위에는 여러 실험 도구들이 놓였어.

준비물
탄산수소나트륨, 식초, 삼각플라스크, 고무마개, 유리관, 고무관, 깔때기, 시험관, 시험관 집게, 알코올램프 가열 장치, 핀치클램프

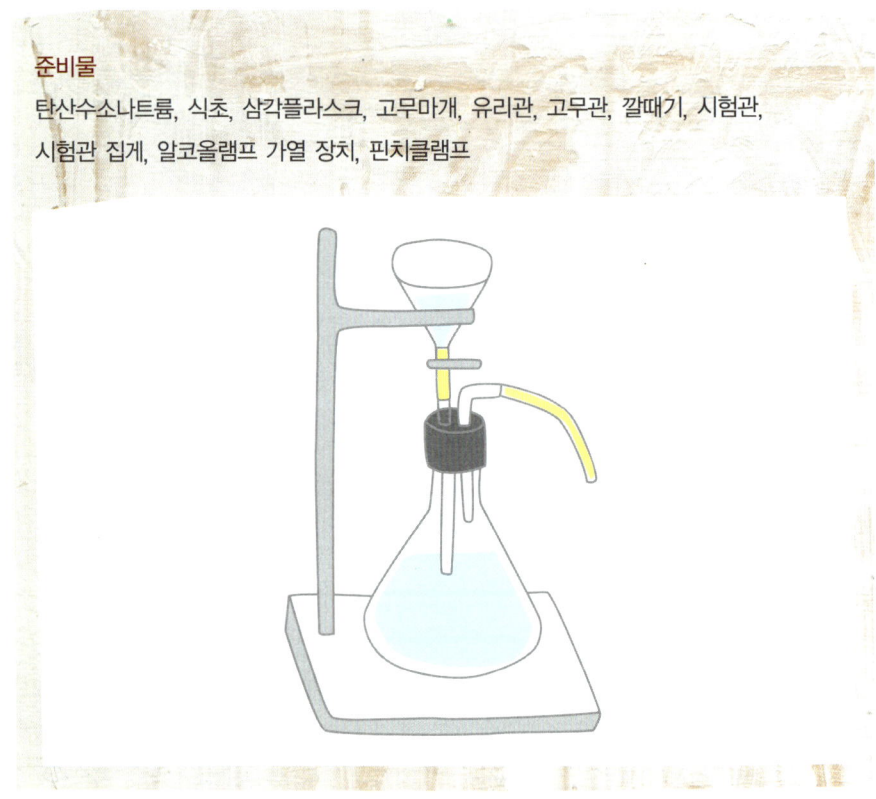

실험 도구 가운데 못 보던 게 있었어. 고무관이 달린 유리관이었지.
"이건 핀치클램프라고 해. 화학 실험을 할 때 이 고무관을 통해 이동하는 기체나 액체의 흐름을 조절하기 위한 장치이지. 이제부터 기

체를 발생시켜 보자. 먼저 예린이가 말한 이산화탄소부터 발생시켜 볼까?"

선생님은 가지가 달린 플라스크에 탄산수소나트륨을 넣었어. 그리고 플라스크를 바닥에 놓고 그 위쪽에 깔때기를 스탠드와 링클램프로 고정한 뒤 고무관으로 깔대기와 플라스크의 고무 마개에 끼운 유리관을 연결했지. 고무관에 핀치클램프를 채워서 고무관의 밑을 막고 깔대기에 식초를 넣었어. 그러자 두 물질은 서로 연결되어 있지만 핀치클램프가 고무관을 조이고 있어서 서로 섞이지 않았어.

우리도 선생님을 따라 하나씩 실험을 하기 시작했어. 우리는 마치 화학자가 된 것처럼 진지해졌어. 누구 하나 장난치거나 잡담을 하는 친구는 없었어.

"이제 이 핀치클램프를 살짝 열면 식초가 아래로 내려가 탄산수소나트륨과 반응할 거야. 그러면서 이산화탄소가 나올 거야."

선생님을 따라 우리도 핀치클램프를 열었어. 선생님은 칠판에 이런 복잡한 화학식을 쓰셨어.

탄산염과 산의 반응

$$NaHCO_3 + CH_3COOH \rightarrow CH_3COONa + H_2O + CO_2$$

탄산수소나트륨 아세트산(식초)   초산나트륨   물 이산화탄소하지만 실험 도구에서는 아무것도 나오지 않았어.

"실험이 실패했나 봐요."

나는 걱정스러운 얼굴로 말했어.

"걱정 마, 이산화탄소는 분명히 나오고 있어. 눈에 보이지 않고, 만질 수 없기 때문에 그런 거야. 이산화탄소라는 걸 확인하는 방법이 있어. 이산화탄소는 석회수를 뿌옇게 하기 때문에 석회수와 섞어 봐도 알 수 있어. 또 산소보다 무겁기 때문에 성냥불을 넣어서 불이 꺼지는지 확인해 보면 돼."

"하지만 선생님, 그런 실험을 하려면 우리가 만든 기체를 모아야 해요. 이렇게 공기 중으로 날아가 버리면 그런 실험을 어떻게 해요?"

"오호! 그러면 우리가 기체를 모아 볼까?"

"우리가요? 무슨 수로요?"

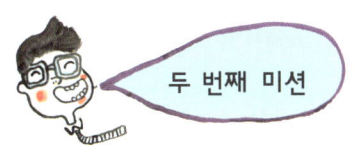

두 번째 미션

순수한 기체를 모아라

"기체를 어떻게 모아야 할지 방법을 생각해 봐."

우리는 각자 돌아가면서 자신이 생각한 방법을 이야기하기로 했어.

"아까 선생님께서 탄산수소나트륨과 식초로 기체를 만들었으니까 우리도 그렇게 기체를 만들어 볼게요. 난 정말 쉬운 방법이 생각났어요."

승현이가 가장 먼저 발표를 하기 시작했어.

"풍선을 이용하는 거예요. 풍선에 모으면 다른 기체와 섞이지 않고 이 기체만 모을 수 있어요."

그러자 소현이와 우영이가 옆에서 말했어.

"풍선 말고 지퍼팩이나 종이컵, 비커 등에도 모을 수 있어요."

"좋은 생각이야. 좀 더 기발하고 재미있는 방법을 생각해 봐."

이번에는 은기가 손을 들었어.

"나는 주사기를 이용하겠어요. 주사기의 바늘 부분에 연결하는 거예요. 기체가 발생하면 주사기의 피스톤이 뒤로 밀릴 거고, 그렇게 주사기 안에 이산화탄소만 모을 수 있어요."

"좋은 생각이야. 신 나기 시작해! 더 좋은 생각은 없니?"

"저요!"

내가 손을 들었어.

"저는 비눗방울을 이용할 거예요."

"비눗방울을? 어떻게?"

"주방용 세제의 거품을 고무관 끝에 묻히는 거예요. 기체를 발생시키면 이산화탄소가 나오면서 거품이 부풀 거예요. 그러면 큰 비눗방울이 될 거고, 비눗방울 안에는 이산화탄소로 가득할 거예요."

"와! 기발하다! 신 난다! 예린이가 선생님을 신 나게 했어! 너희가 생각한 방법대로 기체를 모아 보자."

우리는 팀을 이뤄서 기체를 모으기 시작했어. 어떤 팀은 풍선으로 모았고, 또 어떤 팀은 종이컵에 또 어떤 팀은 주사기에 모았어. 우리

팀은 비눗방울을 이용했지.

"나와요! 기체가 모이기 시작해요!"

비눗방울이 부푸는 모습을 보고 우리는 신기해서 소리쳤어. 그런데 그때 갑자기 나는 의심이 들기 시작했어.

"이 기체가 이산화탄소인지는 어떻게 알아내지?"

"이산화탄소가 공기보다 무겁다고 했으니까 무게를 비교해 보면 되잖아."

은기가 말했어.

"기체의 무게를 어떻게 비교해?"

"좋은 생각이 있어! 이산화탄소를 모은 풍선과 같은 크기로 풍선을 입으로 부는 거야. 그리고 양팔 저울에 올려놓고 공기랑 이산화탄소의 무게를 비교해 보면 돼. 아니면 양팔 저울에 종이컵을 두 개 올려놓고 한쪽 컵에 이산화탄소를 부어 보면 되잖아."

"와, 예린아. 넌 어떻게 그런 생각을 다하니?"

은기가 내 아이디어에 칭찬을 했어. 난 기분이 좋아 입이 한껏 벌어졌어.

세 번째 미션

집기병에 기체를 모아라!

신난다 선생님은 두 개의 병을 양쪽 손에 들었어. 한쪽 병은 거꾸로, 다른 쪽 병은 바로 세웠어.

"과학자들은 집기병에 기체를 모아. 두 가지 방법 중 어떤 방법으로 이산화탄소를 모을 수 있을까?"

"기체니까 공중으로 날아갈 거예요. 그러니까 오른쪽처럼 병을 거꾸로 세워야 할 것 같아요."

"내 생각은 달라요. 이산화탄소는 공기보다 무거우니까 왼쪽처럼 병을 바로 세워야 할 거예요. 오른쪽 병으로 모으면 기체가 아래 입구로 다 쏟아져서 모을 수 없을 것 같아요."

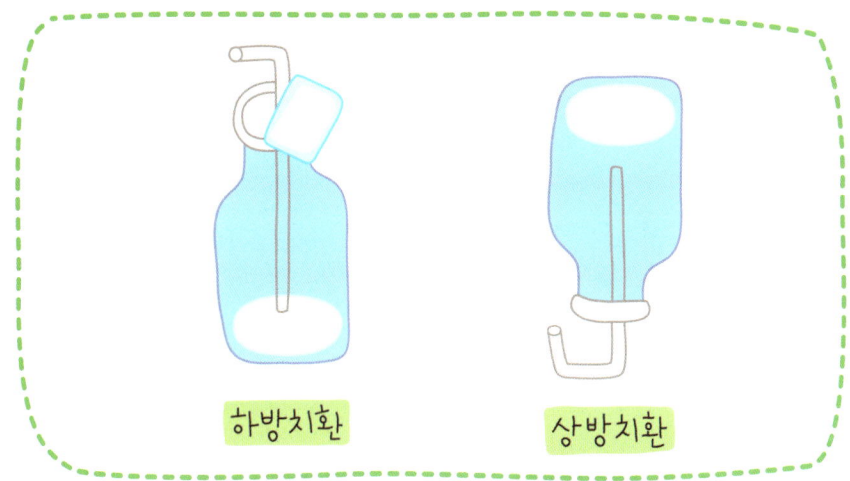

우영이와 소현이가 서로 다른 의견을 내놨어.

"소현이가 잘 맞췄구나. 이산화탄소는 공기보다 무거워서 병을 바로 세워 모아야 해. 이런 것을 하방치환이라고 하지."

우리는 집기병에 다시 이산화탄소를 모으기 시작했어. 유리판으로 입구를 막아 빠져 나가지 못하게 하는 것도 잊지 않았어. 이제 이산화탄소가 모아졌는지 확인해 볼 차례였어. 선생님은 칠판에 또 복잡한 화학식을 쓰셨지.

석회수와 이산화탄소의 반응식

$$Ca(OH)_2 + CO_2 \rightarrow CaCO_3 + H_2O$$

석회수　　이산화탄소　　탄산칼슘　　물

"이산화탄소와 석회수가 만나면 탄산칼슘과 물이 만들어져. 이제 집기병 안에 석회수를 넣어 보자. 만약 이 안에 이산화탄소가 들어 있다면 탄산칼슘과 물이 만들어지면서 집기병이 뿌옇게 흐려질 거야."

우리는 석회수를 넣고 집기병을 가볍게 흔들었어. 그러자 놀랍게도 집기병이 뿌옇게 흐려지기 시작했어!

"있어요! 이 안에 이산화탄소가 있어요!"

우리는 놀란 목소리로 소리쳤어.

"기체를 제대로 포집하려면, 포집하려는 기체의 특징을 잘 알아야 해. 우리가 이산화탄소를 제대로 포집할 수 있었던 건 이산화탄소가 공기보다 무겁다는 특징을 알고 있었기 때문이야."

선생님은 여러 가지 포집 장치를 보여 주셨어.

하방치환

"이 장치를 하방치환이라고 한다고 했지? 이 장치는 공기 중에서 기체를 포집하고, 포집된 기체가 빠져나가는 것을 유리판으로 막는 거야. 포집될 기체의 특징이 공기보다 무겁고, 물에 녹을 가능성이 있을 때 사용하지."

"이 장치는 상방치환이야. 이 장치도 공기 중에서 포집할 때 쓰는데, 포집될 기체가 공기보다 가볍고, 물에 녹을 가능성이 있을 때 사용해."

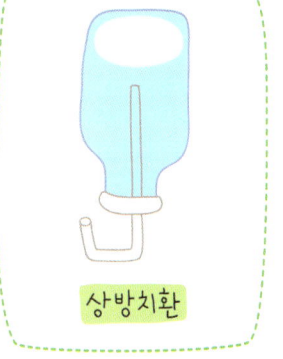

상방치환

수상치환

"이 장치는 수상치환이야. 물속에서 기체를 포집하는 방법이야. 이 장치를 사용하면 다른 기체와 섞일 가능성이 적어서 상방치환이나 하방치환보다 기체를 잘 모을 수 있어. 하지만 반드시 물에 잘 녹지 않는 기체여야만 하지."

"우리가 수상치환을 쓰지 않은 것은 이산화탄소가 물에 녹기 때문인가요?"

내가 질문하자, 선생님은 바로 대답했어.

"그래. 물론 수상치환으로도 이산화탄소를 모을 수는 있어. 하지만 하방치환이 더 적합해."

네 번째 미션

가장 소중한 기체는 무엇일까?

"우리 주변의 기체 중 없어서는 안 될 가장 소중한 기체는 무엇일까?"

선생님의 질문에 아이들이 너도나도 "산소요!"라고 대답했어.

"그래, 생명체에게 너무나 소중한 산소인데, 사람들이 산소라는 기체를 알게 된 것은 그리 오래된 일이 아니야."

"산소를 처음 발견한 사람은 누구예요?"

나는 문득 너무나 궁금해졌어. 선생님은 노트북으로 눈썹이 반쯤 난 아저씨의 얼굴을 보여 주셨어.

"1774년에서야 산소를 처음 발견했지. 바로 이분 조셉 프리스틀리(1733~1804)야. 영국의 목사이지 화학자였지. 이때만 해도 산소가 얼마나 중요한 존재인지는 몰랐다고 해. 산소는 지구에 가장 많이 존재하는 원소야. 그런데 프리스틀리보다 1년 먼저 스웨덴사람인 칼 빌헬름 셸레(1742~1786, 1773년에 발견)가 산소를 발견하긴 했어. 하지만 프리스틀리가 실험 결과를 발표하면서 새롭게 '공기'라고 이름을 붙이고, 공기의 독특한 성질을 보고했어. 그래서 프리스틀리의 공로가 더 커서 프리스틀리가 발견했다고 알려진 거지. 프리스틀리는 이 새로운 공기를 라부아지에(1743~1794)에게 알렸고, 라부아지에는 계속된 실험을 통해 이 독특한 기체가 새로운 원소라고 인정했어. 결국 이 기체를 1778년에 이르러서야 '산소'라고 이름을 붙였지."

"산소는 어떤 기체예요? 어떤 일을 해요?"
소현이가 물었어.

"산소는 생물이 호흡하는데 반드시 필요하지. 그리고 불이 탈 때에도 필요해. 산소가 없으면 불이 탈 수 없거든."

131

선생님은 칠판에 동그라미 두 개를 그렸어.

"이 동그라미는 산소의 원자야. O라고 표시하지. 보통 산소라고 하면 산소 원자(O) 두 개로 이루어진 산소 분자(O_2)를 말해. 분자는 두 개 이상의 원자가 공유 결합해 이루어진 것인데 전기적으로 중성인 입자야. 산소는 색, 맛, 냄새가 없어."

"이산화탄소를 만드는 것처럼 우리가 산소도 만들 수 있나요?"

"물론이지. 우리 순수한 산소를 발생시켜 볼까? 산소는 물에 잘 녹지 않으니까 수상치환으로 해 보자."

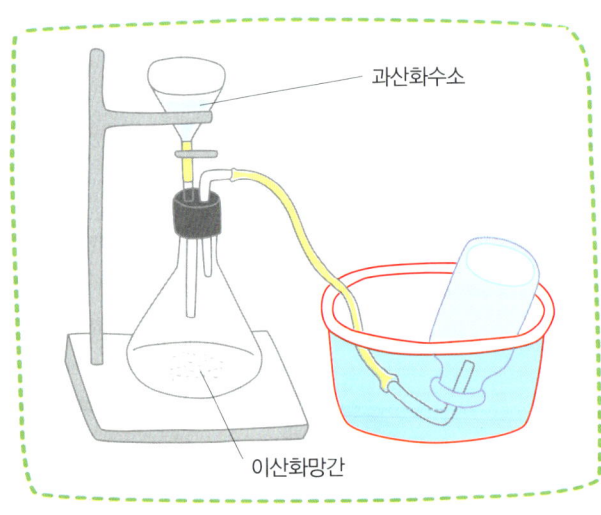

"순수한 산소를 얻기 위해서는 이산화망간을 촉매로 하여 과산화수소(H_2O_2)를 분해하는 방법을 사용해야 해. 여기 위쪽의 깔때기에는 과산화수소를 넣고, 삼각플라스크에는 이산화망간을 넣는 거야."

$$2H_2O_2 \xrightarrow{MnO_2(\text{이산화망간})} 2H_2O + O_2$$

과산화수소 　　　　　　　　　　 물　산소

"촉매가 뭐예요?"

"촉매란 화학 반응을 할 때 반응 속도를 빠르게 해 주면서 자신은 변화가 없는 물질이야. 촉매인 이산화망간을 넣으면 산소를 더 빨리 발생시킬 수 있지."

잠시 후 집기병에서 놀라운 변화가 일어났어.

"집기병 안의 물이 점점 낮아지고 있어!"

"집기병 안에 산소가 모이면서 물을 밀어내나 봐!"

우리는 다 모인 산소에 코를 대고 너도나도 킁킁대며 냄새를 맡았어. 뭔가 순수하고 깨끗한 느낌이 드는 것 같았지. 숲 속의 맑은 공기처럼 말이야. 우리 주변을 이런 기체들이 에워싸고 있다니! 난 눈에 보이지 않지만, 내 주변의 기체들이 무척 신비하면서도 고맙게 느껴졌어. 기체들이 없다면 나도 숨을 쉴 수 없을 테니까.

신예린의 과학일기 년 월 일

기체를 만들고 모으는 놀라운 방법

신예린(경기 수원, 매탄초등학교 5학년)

오늘은 기체 발생 장치와 기체 포집 장치에 대해 배웠다. 그리고 곧바로 첫 번째 실험을 시작했다. 탄산수소나트륨인 $NaHCO_3$를 시험관에 넣고 주사기와 연결을 한 후 알코올램프로 가열을 했다.

첫 번째 실험

시험관 속에는 물(수증기) H_2O와 이산화산소인 CO_2가 생겼다. 시간이 지날수록 CO_2가 생기면서 주사기의 피스톤이 움직였다. 하지만 정말 CO_2인지 알아봐야 했다. 그래서 삼각플라스크에 담긴 석회수에 CO_2 기체를 넣었다.

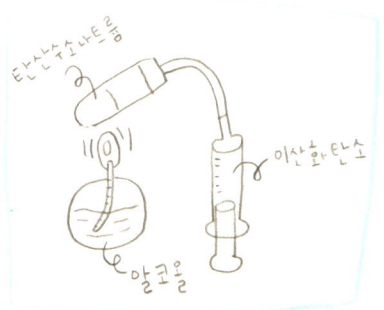

우리의 실험은 성공한 것 같았다. 왜냐하면 석회수가 뿌옇게 변했기 때문이다. 또 다른 확인 방법도 있다. 이산화탄소에 성냥불을 넣는 것이다. 불이 꺼지면 이산화탄소가 분명하다. 이어서 우리는 두 번째 실험을 시작했다. 삼각플라스크에 탄산수소나트륨을 넣고 깔때기와 펀치클램프를 이용해 조금씩 식초를 넣었다. 그랬더니 탄산수소나트륨과 식초가 만나 기포가 발생하며 아세트산나트륨+이산화탄소 기체가 만들어졌다.

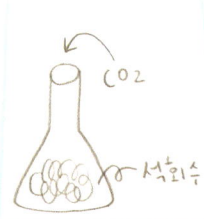

두 번째 실험

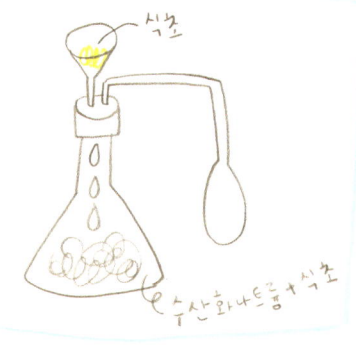

처음에는 식초가 많이 묻어 냄새가 지독했다. 하지만 실험은 성공적으로 끝났고, 식초 냄새도 이젠 안 난다.

이번에는 기체를 포집하는 장치에 대해 배웠다. 눈에 보이지 않고 둥둥 떠다니는 기체를 어떻게 잡아야 할까? 첫째, 하방치환 장치를 쓰는 것이다. 이 장치의 특징은 공기 중에서 포집을 하는 것인데, 하방치환은 공기보다 무거운 기체를 모을 때 쓰는 장치이다.

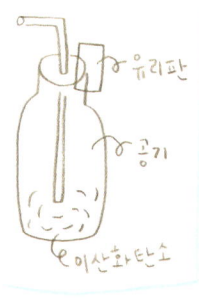

둘째, 상방치환 장치를 쓰는 것이다. 이 장치의 특징은 기체를 위쪽에서 포집을 하는 것인데, 기체를 모으는 집기병이 거꾸로 되어 있다. 따라서 공기보다 가벼운 기체를 모을 때 쓰는 장치이다.

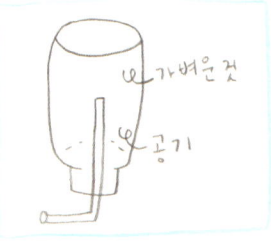

셋째, 수상치환 장치가 있다. 이 장치의 특징은 다른 장치와 달리 물에서 기체를 포집을 하는 것이다. 이 장치는 물에 녹지 않는 기체여야 한다. 무게에는 상관이 없다. 대부분 산소, 수소, 질소를 포집할 때 쓰이는 것 같았다.

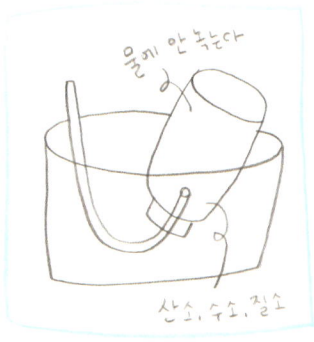

수상치환 장치로 기체를 포집할 때 실패를 조금 했지만 재미있었다.

나처럼 실험 과정을 그림으로 나타내고 느낀 점도 써 봐! 표현력이 좋아져.

신난다 선생님의 한마디

예린아, 실험하면서 식초가 옷에 많이 묻었다더니 괜찮았니? 적극적으로 수업에 임하는 모습이 너무 보기 좋구나!

예린이가 기체를 포집하면서 알게 된 사실과 기체의 성질에 따른 포집 방법을 자신이 배운 대로 꼼꼼하게 정리했구나. 예린이가 과학일기를 쓰면서 실험 과정을 그림으로 나타내고, 실험이 끝난 뒤에는 느낌까지 자세히 표현해 준 점이 좋았어.

일기를 쓸 때 책에 있는 그대로 적는 것이 아니라, 자신이 이해한 과학 원리를 개성을 살린 글로 표현해 보는 연습이 필요해. 그런 연습을 계속하다가 보면, 과학 지식을 구성하는 능력뿐 아니라 글쓰기, 말하기 등 표현력이 좋아질 거야.

과학일기에는 수업 시간에 배운 내용이나 새로 알게 된 점 이외에도 더 알고 싶은 점이나 탐구하고 싶은 내용을 함께 적어 주는 것이 좋아. 기체를 주제로 다른 교과와도 연관시켜 생각해 보렴. 그러면 더 풍성한 내용으로 채워진 일기를 쓸 수 있을 거야.

신난다 선생님의 과학일기 특강

과학일기 잘 쓰는 방법은 무엇일까?

'오늘 아무 일도 없었는데 뭘 쓰지?'
나도 어렸을 때, 이런 고민을 많이 했어. 어제와 오늘이 똑같았다면 정말 뭘 써야 할지 막막할 거야. 하지만 잘 생각해 봐. 완전히 같은 날이란 세상에 없잖아. 날마다 새로운 날, 새로운 시간이 다가오는 거라고. 물론 날마다 일기를 새롭게 쓴다는 건 쉬운 일은 아니야. 그러나 과학일기 앞에서 이런 고민은 이제 그만! 과학일기는 글을 쓸 내용이 이미 정해져 있거든. 그래서 보통 글쓰기보다 소재를 찾기가 아주 쉬워! 그리고 과학일기는 날마다 쓸 필요는 없어. 과학을 배운 날이나 과학에 대해 문득 깨달은 게 있는 날, 가벼운 마음으로 써 보도록 해.

똑같은 과학 내용을 가지고 쓰면 똑같은 일기가 계속 나오지 않을까요?

똑같은 과학이라도 열 가지, 백 가지도 넘게 다양하게 일기를 쓸 수 있어. 눈을 감고 오늘 했던 과학 공부를 하나씩 떠올려 봐. 선생님이 하신 말씀, 친구들의 분위기, 선생님의 설명을 들었을 때 내 느낌, 그리고 떠올랐던 의문점까지 참 많은 생각들이 떠오르지 않니? 그게 다 과학일기에 쓸 내용이야.

그것도 부족하다면, 오늘 한 과학 공부와 관련 있는 책을 읽어 보거나 인터넷으로 자료를 찾아볼 수도 있어. 쓸거리는 얼마든지 많아. 생활 속에서도 과학을 공부할 수 있어. 우리 주변에는 과학이 널려 있거든.

생활 속에서 과학을 공부할 수 있어요? 놀이터나 공원, 목욕탕 등에서 어떻게 과학을 공부할 수 있어요?

모르는 소리! 과학은 딱딱한 의자에서만 공부하는 게 아니야. 생활 속에서 공부하기 좋은 과목이지. 주변을 둘러보면 과학 원리와 과학 현상으로 가득 차 있거든. 놀이터에서는 시소를 타며 지렛대의 원리를 공부할 수 있지. 공원에 가서는 나무를 살펴보며 식물을 공부하고, 낙엽 지는 잎을 보며 엽록소를 알 수 있지. 목욕탕에 가서는 물이 넘치게 해서 내 몸의 부피를 실험할 수 있어. 이것뿐만이 아니야. 설탕을 물에 녹이면서 용해의 원리를 알 수 있고, 에어컨에서 나오는 바람을 보면서 공기의 순환과 대류의 원리를 알 수 있어. 또 가족과 놀러갔을 때 별들을 바라보면서 우주 과학에 대해 생각해 볼 수 있어.

이처럼 과학일기에 쓸거리는 너무나 많아.

실험을 하다가 실패를 했어요. 그런 내용도 써야 하나요?

물론이지! 성공만 중요한 게 아니야. 실험에서는 과정이 중요해. 실험 과정에서 내가 어떻게 해서 실패했는지 이유도 써 봐. 그리고 실험의 결과를 바탕으로 주제와 관련지어 결론을 내려 봐. 이런 과정이 너를 과학자로 키워 줄 거야.
모르는 과학 용어는 꼭 기록을 하고 그 의미도 쓰도록 해. 형광펜으로 중요한 용어를 색칠하는 것도 좋은 방법이야.

과학일기는 언제 쓰는 게 좋아요?

과학일기는 수업이 끝나면 곧바로 쓰는 것이 제일 좋아. 시간이 지날수록 잊어버리니까. 과학일기를 쓰다가 확인할 내용이 있으면 과학 사전이나 책을 꼭 찾아보도록 해. 과학일기가 쓰기 어려운 건, 생각이 정리가 잘 안 되기 때문이야. 자신의 생각을 이런 순서로 정리해 봐. 훨씬 쉽게 잘 써질 거야.

수업을 시작하기 전의 처음 내 생각 ➡ 수업이 진행되면서 변화되는 생각 ➡ 수업이 끝난 후의 생각

이 순서대로 네 생각을 정리하는 거야. 그리고 책이나 수업 시간, 생활 속에서 경험한 내용을 다시 한 번 떠올려 봐. 재미있었던 점, 아쉬웠던 점, 느낀 점도 써. 새롭게 알게 된 내용이나 더 알고 싶은 내용도 적어. 그림이나 만화를 그려 넣어도 좋아.

날마다 과학일기를 쓰면 너희는 점점 과학을 잘하게 될 거야. 시험 볼 때가 되어서 일기장을 한 번 살펴보는 것만으로도 공부에 큰 도움이 돼.
일기를 잘 써서 과학을 잘하게 된다는 상상을 해 봐. 기분이 좋아지지 않니?

은기의 불끈불끈 에너지 이야기

5장 원자와 전기의 비밀을 파헤치자

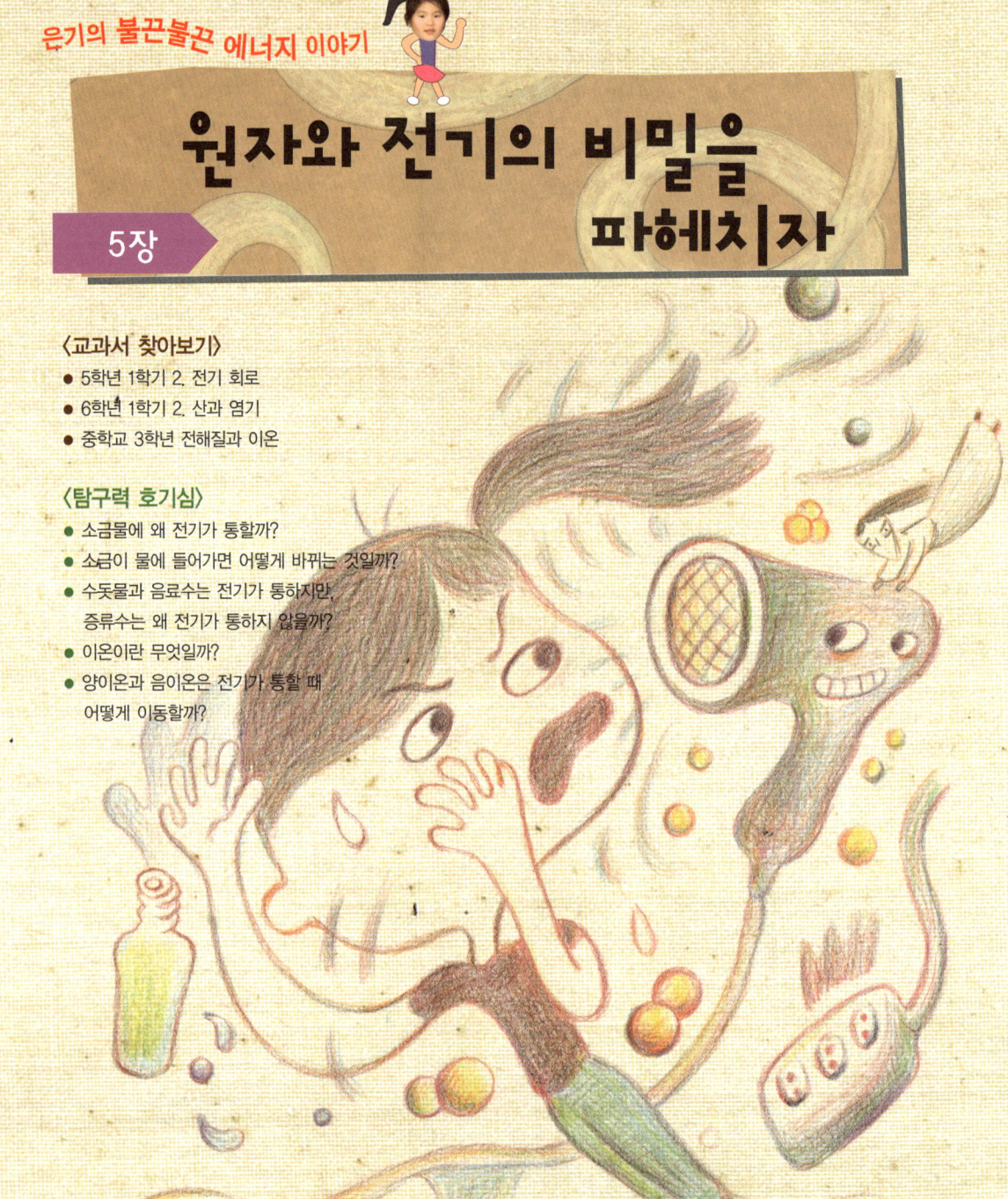

〈교과서 찾아보기〉
- 5학년 1학기 2. 전기 회로
- 6학년 1학기 2. 산과 염기
- 중학교 3학년 전해질과 이온

〈탐구력 호기심〉
- 소금물에 왜 전기가 통할까?
- 소금이 물에 들어가면 어떻게 바뀌는 것일까?
- 수돗물과 음료수는 전기가 통하지만, 증류수는 왜 전기가 통하지 않을까?
- 이온이란 무엇일까?
- 양이온과 음이온은 전기가 통할 때 어떻게 이동할까?

아주 어릴 때 내 별명은 고슴도치였어. 머리카락이 굵고 강해서 가시처럼 쭉쭉 뻗었거든. 친구들은 내 머리카락을 슬슬 만지면서 "앗, 따가워! 무기다, 무기!" 하면서 장난을 쳤지. 어떻게 보면 구둣솔 같기도 하다는 둥 플라스틱 빗자루 같기도 하다는 둥 놀려 대곤 했어.

이렇게 뻗치는 머리카락 때문에 자라면서 머리를 길렀어. 그리고 항상 묶고 다니지. 난 이런 머리카락이 마음에 안 들어. 그렇다고 다 뽑을 수는 없잖아. 그러면 대머리가 될 테니까. 이상한 건, 우리 가족 중에는 나처럼 이렇게 머리카락이 뻗치는 사람이 없다는 거야. 유독 나 혼자만 이런 모양이지. 그래서 한때는
내가 주워 온 자식이 아닐까, 의심을 한 적도 있어.

그런데 곰곰이 생각해 보니까 내 머리카락이 뻗친 건 전기 때문인 것 같았어. 여섯 살 때쯤 나는 목욕을 하고 헤어드라이어를 집었는데, 그때 찌릿하면서 온몸에 뭔가 훑고 지나갔어. 머리부터 발끝까지 아주 강렬한 기운이 순식간에 지나간 거야. 그게 전기 감전이란 것을 나는 뒤늦게야 알았지.

난 울음을 터트렸고, 엄마가 달려왔어. 엄마는 날 안고 병원으로

달려갔지. 다행히 다친 곳은 없었지만, 그때부터 나는 헤어드라이어를 무척 무서워했어. 엄마는 젖은 손으로 헤어드라이어를 만졌기 때문에 감전이 됐다고 그랬어. 왜 젖은 손으로 전기 기구를 만지는 게 위험할까?

어쨌든 나는 그때부터 내 머리카락이 고슴도치처럼 바짝 선 게 아닌가 싶어. 전기에 감전이 되면 온몸의 털이 바짝 서는 걸 만화에서 본 적이 있거든. 실제로도 그렇대. 그때 나를 감전시킨 전기는 내 몸 어딘가에 계속 남아서 내 머리카락을 바짝바짝 서게 하나 봐. 아무튼 난 세상에서 제일 무서운 게 전기하고 귀신이야.

이렇게 전기를 무서워하고 귀신을 무서워하는 내 이름은 윤은기야. 대전에서 살고, 5학년이지. 과학을 좋아해서 과학 캠프에 찾아왔어. 여기에서 설마 전기에 감전될 일은 없겠지?

그런데 오늘 예상치도 못한 사건이 일어났어. 그건 바로 전기를 통하게 만드는 실험이었지.

첫 번째 미션

물에 전기가 통하는 이유는 무엇일까?

"너희는 전기에 감전된 적이 있니?"

신난다 선생님이 하얀 가운을 입고 실험실로 들어오셨어. 난 손을 들까 하다가 그만 뒀어. 감전이 된 적 있었다는 이야기를 하고 싶지는 않았어. 그러면 또 놀림거리가 될 테니까.

"다 쓴 건전지를 혀에 댔다가 감전된 적이 있어요."

은수가 말했어.

"어떤 맛이었지?"

"아주 짜릿하던걸요! 다시는 맛보고 싶지 않았어요."

은수의 말에 아이들이 다들 와하하 웃었어.

"감전 사고는 몸에 전기가 통하는 거야. 인체에 전류가 흘러 상처를 입거나

충격을 느끼는 일을 감전이라고 하지. 아주 위험해. 신경이 마비되고 심하면 죽을 수도 있어. 그래서 우리는 항상 감전이 되지 않도록 조심해야 해. 그런데 감전 사고는 언제 일어날까?"

"젖은 손으로 전기 기구를 만질 때요."

"젓가락을 콘센트에 넣을 때요."

"전깃줄을 손으로 잡았을 때요."

아이들은 너도나도 아는 걸 대답했어.

"그렇지. 감전은 피부가 얼마나 건조한지에 따라 달라져. 피부가 건조할 때는 큰 위험이 없지만, 땀으로 피부가 젖어 있거나 물이 묻은 경우는 아주 위험해. 물과 전기가 어떤 관계가 있기 때문일까?"

"물에 전기가 잘 통하니까요!"

우영이가 대답했어. 나도 알고 있었지만, 이상하게 대답하고 싶지 않았어. 나도 모르게 자꾸 머리카락에 손이 갔어.

"그런데 물에 왜 전기가 통할까?"

선생님의 계속된 질문에 아무도 대답하지 못했어. 나도 그런 질문을 해 본 적은 없는 것 같아.

"물은 우리에게 소중하고 꼭 필요한 물질이야. 하지만 감전 위험을 조심해야 해. 물에 전기가 통하는 이유를 안다면 좀 더 안전하게 대비할 수 있겠지? 이제부터 물에 전기가 통하는 이유를 찾아볼까?"

선생님은 책상 위로 물통과 과일 주스, 이온 음료, 탄산음료 등을 꺼내 놓았어.

"이제부터 음료수에 전기를 통하는 실험을 해 볼 거야. 이 물통에는 수돗물이 들어 있어. 수돗물에는 전기가 통할까?"

"네. 그럴 것 같아요."

친구들은 대부분 그렇게 추측했어. 난 전기를 통하게 하는 실험이라는 말에 더욱 움츠러들었어. 선생님은 그런 내 마음을 모르는지 우리에게 실험 도구들을 설치하는 방법을 알려 주셨어.

"먼저, 직류 전원 장치와 검류계(갈바노미터)를 직렬로 연결해. 각 전선 끝에 구리판을 달아 장치해. 수돗물을 비커에 붓고, 전원을 연

147

결해서 전류가 통하는지 확인하면 돼."

나는 두려워서 실험 도구에 손도 안 댔어. 소현이와 우영이는 신이 나서 실험 도구를 만졌지.

"수돗물에 전기가 통하니?"

"예. 검류계가 움직여요."

"그래. 너희들 예상이 맞았구나. 그러면 여기 준비해 놓은 음료수 중에 전기가 통하지 않을 것 같은 음료수는 무엇일까?"

선생님이 나를 바라보며 물었어.

"저기…… 오렌지 주스요."

"난 콜라가 안 통할 거 같은데……."

"난 이온 음료!"

아이들은 비커에 있는 물을 쏟아 버리고 준비해 놓은 음료수를 담았어.

"어때? 음료수에 전기가 통하니?"

"네. 전기가 통해요."

"수돗물과 비교해 보면 어떠니?"

"바늘의 움직임을 보니까 수돗물보다 음료수에서 전기가 더 잘 통하는 것 같아요."

"왜 음료수가 수돗물보다 전기가 잘 통할까?"

선생님의 질문에 아이들은 잠시 웅성거렸어.

"음료수에 뭐가 녹아 있으니까 그런 거 아닐까?"

"여기 음료수 통을 살펴보면 알 수 있을 거야. 설탕, 비타민, 과일 향……."

아이들은 서로 의견을 나눴지만 어떤 결론을 내리지는 못했어.

"수돗물에 전기가 통하는 것은 수돗물에도 뭔가 녹아 있어서 그런 게 아닐까?"

선생님은 또 질문을 던졌어. 난 마음속으로 '수돗물에는 염소가 녹아 있다고 들었는데…….' 하고 생각했어. 정말 뭔가 녹아서 전기가 통하는 걸까? 물에 아무것도 안 녹아 있으면 전기가 안 통할까? 대체 뭐가 녹아서 전기를 통하게 하는 걸까?

전기가 무서웠지만 난 자꾸 호기심이 생겼어.

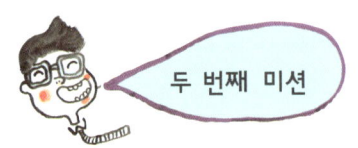

두 번째 미션

순수한 물에는 전기가 통할까?

"그렇다면 아무것도 녹아 있지 않은 순수한 물에는 전기가 통할까?"

선생님은 내 마음을 꿰뚫어보기라도 한 듯 그렇게 질문을 던지셨어. 아무것도 녹아 있지 않은 순수한 물이란 증류수야. 우리는 지난번 실험에서 증류수를 만든 적이 있거든. 증류수는 물을 끓여서 증기만으로 모은 물이야.

선생님은 약국에서 사온 정제수를 꺼냈어. 정제수도 증류수와 같은 거야.

"내 생각에는 통할 것 같아."

"난 안 통할 것 같은데?"

아이들의 의견이 절반으로 나뉘었어. 나는 통한다는 쪽이었지.

우리는 다시 검류계와 직류 전원 장치로 정제수를 실험하기 시작했어. 그러자 나의 예상과는 전혀 다른 결과가 나왔어.

"전기가 안 통해!"

"검류계가 약간 움직이기는 하는데 수돗물과는 차이가 많아. 그러니까 전기가 거의 안 통한다는 뜻이야."

우리들은 놀라운 발견을 한 것처럼 수군댔어. 선생님이 그런 우리를 향해 말씀하셨어.

"지금 우리가 사용한 정제수는 100퍼센트 순수한 물이라고 할 수는 없어. 아마 이 정제수보다 더 깨끗한 100퍼센트 순수한 물을 만들 수 있다면 전기가 안 통할 거야. 우리는 앞에서 수돗물, 음료수, 증류

수 이렇게 세 종류를 가지고 실험을 했어. 그러자 음료수, 수돗물, 증류수 순으로 전기가 잘 통한다는 것을 알아냈어. 왜 그런 차이가 있을까?"

"물에 무언가가 녹아 있냐 아니냐의 차이인 것 같아요."

예린이가 대답했어.

"맞아요. 물에 녹아 있는 물질이 많을수록 전기가 잘 통하나 봐요. 음료수는 수돗물보다 녹아 있는 물질이 많으니까 전기가 잘 통하는 거예요."

주철이도 맞장구를 쳤어.

"너희 생각이 맞다면 소금물에 전기가 통할까? 그리고 소금에 전기가 통할까?"

"통할 것 같아요. 분명히 통해요!"

우리는 누구나 그렇게 생각했어. 지금까지 했던 실험 결과가 충분히 그런 예상을 하게 했으니까.

"좋아. 다시 실험해 보자. 정제수에 소금을 용해시켜서 소금물을 만든 다음, 전기가 통하는지 확인해 보는 거야."

우리는 눈곱만큼 작은 양의 소금을 정제수에 넣고 저었어. 정제수에 연결된 검류계에는 여전히 반응이 없었지. 그런데 소금을 저어 주면 줄수록 검류계의 눈금이 부르르 떨면서 올라가기 시작했어.

"올라가요! 소금이 전기를 통하게 하나 봐요!"

주철이가 소리쳤어.

"전기가 통하는 이유는 무엇일까?"

선생님의 질문에 아이들이 대답했어.

"물에 뭔가 녹아야 전기가 통하는데, 소금이 녹아서 전기가 통하는 거예요. 그러니까 소금이 전기를 전달하게 해 주는 거예요."

이번에 우리는 고체 소금에 전기가 통하는지 확인해 보았어. 페트리 접시에 소금을 담고 직류 전원 장치와 검류계(갈바노미터)를 직렬로 연결했어. 전선 끝에 구리판을 소금에 닿게 하여 전류가 통하는지 확인했지. 나는 소금물에 전기가 통했으니까 소금에도 전기가 통할 줄 알았어. 그런데 우리의 예상은 완전히 빗나갔어.

"전기가 안 통해!"

우리는 우리의 눈을 의심했어.

"왜 그런 거지? 왜 안 통하는 거야?"

우리는 서로 물었어. 선생님도 우리에게 물으셨어.

"소금물은 전기가 통하는데, 정제수와 소금은 왜 전기가 안 통할까?"

"이상해요. 그 이유가 궁금해요!"

"무언가를 섞어야 전기가 통하나 봐요."

"소금이 물에 들어가면서 뭔가를 변하게 하나 봐."

"뭘 변하게 해?"

이번 실험은 정말 마법 같았어. 신기하고 놀라운 결과에 우리는 입을 다물지 못했어.

세 번째 미션

소금이 물에 들어가면 어떻게 바뀌는 것일까?

"전기가 통하지 않는 소금이 물에 들어가 소금물이 되면 전기가 통해. 그 신비한 이유를 알려면 우리는 지금까지 가 보지 않은 세계를 가야 해. 이 세상에는 우리 눈에 보이지 않는 세계가 있어. 이제부터 그 세계 속으로 들어가 보자."

선생님은 컴퓨터와 연결된 화면을 켜셨어. 그러자 마치 태양계 같은 모양이 나타났어. 태양계는 눈에 보이는데, 왜 우리 눈에 보이지 않는다고 선생님은 그러셨을까? 그런데…….

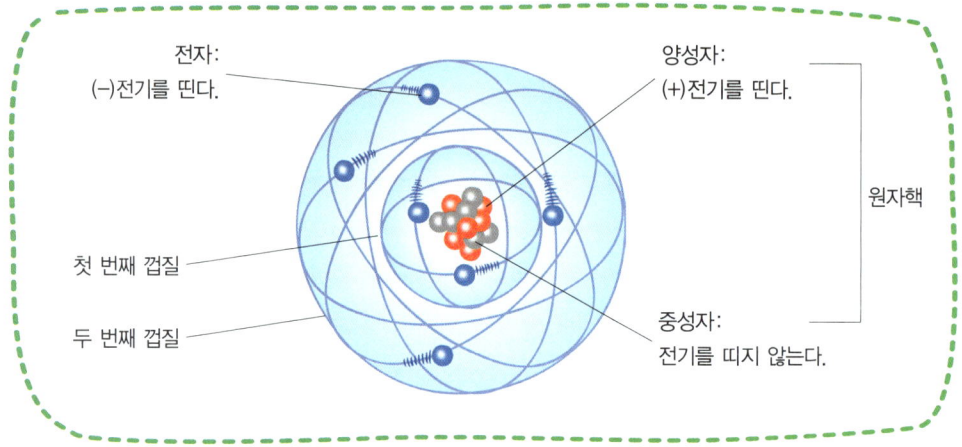

"이것은 태양계가 아니라 원자야. 태양계는 엄청나게 커. 그런데 원자는 엄청나게 작아 눈에 보이지 않지. 거대한 태양계와 가장 작은 원자가 서로 닮은 모양이라는 것은 참 신비해."

우리는 말없이 화면을 바라보았어. 그것은 태양계가 아니라 원자였어.

"이 세상의 모든 물질은 바로 이 원자로 이뤄져 있어. 우리의 몸도 원자, 이 책상도 원자, 우리가 숨 쉬는 공기도 원자, 모든 게 원자로 이루어져 있지. 태양계에는 중심에 태양이 있고, 그 주위를 여러 행

성이 빙글빙글 돌면서 회전을 해. 원자도 비슷해. 원자의 중심에 원자핵이 있고, 그 주위를 전자들이 아주 빠르게 회전을 하고 있지. 원자핵은 양성자와 중성자로 구성되어 있어."

선생님은 화면을 하나씩 가리키며 설명했어. 점점 흥미진진해졌어. 대체 소금물과 전기와 원자는 무슨 관계일까?

"소금은 소금 원자로 이뤄져 있어요?"

누군가 질문했어.

"아니야. 소금은 염화나트륨인데, 염화나트륨은 염소 원자와 나트륨 원자로 이뤄져 있지. 염소 원자와 나트륨 원자는 조금 후에 보여 주고, 우선 원자에 대해 조금 더 알아보자. 원자의 종류는 100가지가 넘어. 이들은 모두 다른 수의 양성자를 갖고 있어. 양성자가 하나인 원자부터 양성자가 100개가 넘는 원자도 있어."

"원자가 전기를 흐르게 하는 건가요?"

"그래. 너희가 알고 싶은 비밀은 원자에 있는 거야. 양성자는 (+)전기를 띠고 있고, 전자는 (−)전기를 띠고 있어. 양성자 수와 전자 수는 같아. 양성자가 10개이면 전자도 10개, 양성자가 100개이면 전자도 100개인 거지."

"(+)전기가 100개이면 (−)전기도 100개인 거지요?"

"그래. 양성자 수와 전자 수가 같아서 원자는 전기를 띠지 않아. 전자는 안쪽 껍질부터 채워지는데, 첫 번째 껍질에는 2개의 전자가 들어가고 두 번째와 세 번째 껍질에는 8개의 전자가 들어갈 수 있어. 원자는 껍질에 전자가 모두 채워지는 것을 좋아해.

원자는 맨 바깥 껍질에 전자가 모두 채워지지 않으면 불안정한 상태라서 전자를 다른 원자에게 주어 버리거나 다른 원자의 전자를 얻어와서라도 전자를 모두 채워 안정해지려는 성질이 있어."

난 선생님의 말이 잘 이해가 되지 않았어. 선생님도 그런 나를 알았는지 더 쉽게 설명해 주시기 시작했어. 칠판에 자석을 붙여서 원자를 만들어 보였어.

"원자는 너무 작아서 그 내부를 실제로 볼 수 없어. 그래서 과학자들은 원자를 모형으로 만들어 이해하려고 했어. 우리도 원자 모형을 만들어 보자."

"이것은 나트륨(Na) 원자야. 나트륨 원자핵에는 11개의 양성자가 있어. 그렇다면 전자껍질에는 전자가 몇 개 있을까?"

"양성자와 전자는 같은 개수만큼 있다고 했으니까 11개의 전자가 있어요."

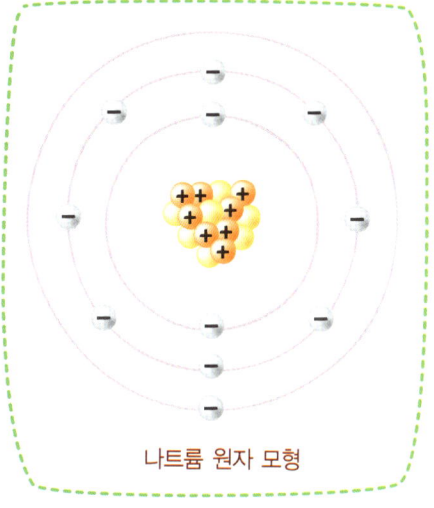

나트륨 원자 모형

내가 대답했어.

"그렇지. 이번에는 염소 원자를 만들어 보자."

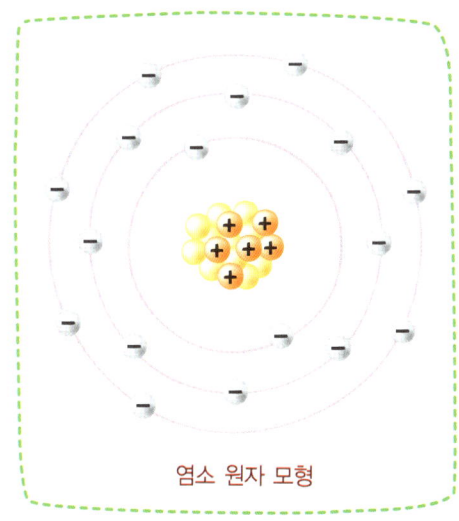

염소 원자 모형

"염소 원자의 원자핵에는 몇 개의 양성자가 있지?"

"서로 뭉쳐 있어서 셀 수가 없어요."

"양성자와 전자의 개수가 같다고 했으니까 전자의 수를 세면 되겠지?"

"아참, 그렇구나. 하나, 둘, 셋, 넷…… 전자껍질에 17개의 전자가 있으니 양성자는 17개예요."

선생님은 흐뭇하게 웃으며 고개를 끄덕였어. 나는 원자에 대해 조금 이해가 되는 것 같았어.

"첫 번째 전자껍질에 2개의 전자, 두 번째 전자껍질에 8개의 전자, 그리고 세 번째 전자껍질에 7개의 전자가 있어. 나트륨 원자와 마찬가지로 염소 원자도 전자들이 원자핵 주변을 빙글빙글 회전하고 있지. 원자가 어떤 상태가 되길 좋아한다고 했지?"

"전자껍질에 전자를 다 채우고 싶어 한다고 했어요."

"그렇지. 잘 기억하고 있구나. 전자를 전자껍질에 모두 채우려는 경향이 있어.

첫 번째 전자껍질에는 2개의 전자가, 두 번째와 세 번째 전자껍질에는 8개가 있어야 안정되지. 전자는 안쪽 껍질부터 차곡차곡 채워져."

"그런데 선생님, 염소 원자와 나트륨 원자가 어떻게 하나로 합쳐져서 염화나트륨이 되는 거예요?"

주철이가 물었어.

"두 원자는 서로 전자를 주고받아. 염소 원자와 나트륨 원자가 염화나트륨(소금)이 되려면 두 원자가 전자를 주고받아야 해. 원자는 가장 바깥 껍질의 전자 수를 8개로 채워서 안정해지려는 경향이 있어."

원자끼리 공을 주고받듯이 전자를 주고받는다고? 정말 갈수록 신기한 세계로군.

"그러면 조금 어려운 질문을 하나 해 보자. 나트륨 원자와 염화 원자는 어떻게 전자를 주고받으면 좋을까?"

선생님 말씀대로 너무 어려운 질문이었어. 우리 머릿속에는 원자들이 정신없이 빙글빙글 돌아가는 것 같았어. 잠시 동안 아무도 대답하지 못했지. 예린이와 주철이는 다른 아이들 눈치를 살피기까지 했어.

나는 염소 원자의 전자 수를 하나씩 세어 보았어. 염소 원자는 제일 바깥쪽 껍질에 전자 수가 7개였어. 원자는 전자 수가 8개를 채우려고 하는 경향이 있으니까 나트륨 원자의 전자를 하나 가져올 것 같았지.

"혹시 나트륨 원자의 전자를 염소 원자가 가져오는 게 아닐까요? 그러면 두 원자는 마지막 껍질에 전자를 8개 갖게 되어서 안정해질 거 같아요."

"그렇지! 바로 그거야!"

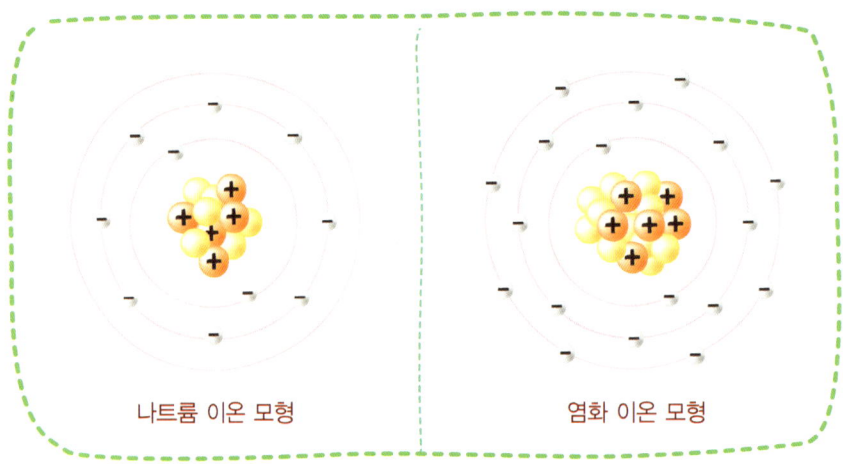

나트륨 이온 모형 염화 이온 모형

선생님이 펄쩍 뛰면서 손뼉을 짝 치셨어. 그러면서 나트륨 원소에서 자석을 떼어 염소 원소로 옮겼어.

"나트륨 원자는 세 번째 껍질에 전자 하나를 잃어서 나트륨 이온이 돼. 또 염소 원자는 전자를 하나 얻어서 염화 이온으로 변해. 그러면 조금 더 어려운 질문을 해 볼게. 나트륨 이온은 어떤 전기를 띠게 될까?"

아, 정말 어려운 질문이었어. 난 다시 눈동자를 빠르게 굴리기 시작했어. 선생님이 아까 하신 이야기를 더듬으면서 나트륨 이온의 전자 수와 양성자 수를 세어 보았지.

"전기를 띠어요!"

내가 굉장한 발견을 한 듯이 소리쳤어. 아이들이 동시에 나를 바라보았어.

"무슨 전기를 띠지?"

"(+)전기요!"

"왜?"

"아까 나트륨 이온의 양성자는 11개라고 했잖아요. 그런데 나트륨 이온의 전자는 10개가 되었어요. 염소에게 1개를 줬으니까요. 그런데 양성자는 (+)전기를 띠고, 전자는 (-)전기를 띠잖아요. 나트륨은 지금 양성자가 11개, 전자가 10개니까 (+)전기가 더 많아요. 그래서 (+)전기를 띠어요!"

선생님의 눈이 휘둥그레졌어.

"오! 대단해! 선생님이 지금까지 이 질문을 수많은 어린이들에게 해 봤지만, 단 한 명도 대답하지 못했어. 그런데 은기가 대답했구나! 놀라워! 선생님이 신, 난, 다, 신, 나!"

선생님은 두 팔로 날갯짓을 하면서 제자리에서 펄쩍 뛰셨어. 그리고 약간 흥분한 목소리로 계속 설명을 이어 갔어.

"염소는 나트륨 원자에서 전자를 한 개 얻어서 염화 이온으로 변했어. 염소가 이온이 되면 염화 이온이라고 불러. 그렇다면 염화 이온은 어떤 전기를 띠게 될까? 그 이유는?"

이번에는 다른 아이들도 조금 이해를 한 모양이야. 전자 수를 세느라 정신이 없었거든.

"염화 이온은 양성자가 17개이고 전자가 18개예요."

"(−)전기를 띠는 전자가 (+)를 띠는 양성자보다 더 많아요. 그래서 염화 이온은 (−)전기를 띨 것 같아요."

예린이와 주철이가 번갈아 대답했어. 난 다 아는 거라서 가만히 있었지.

"잘했어. 이제 원자의 세계를 알게 됐구나. 실제로 나트륨 이온은 나트륨 원자보다 크기가 작고, 염화 이온은 염소 원자보다 크기가 커. 왜냐하면 나트륨 원자는 전자를 잃어버렸고, 염화 이온은 전자를 얻었으니까. 그래서 이런 모양이 되지."

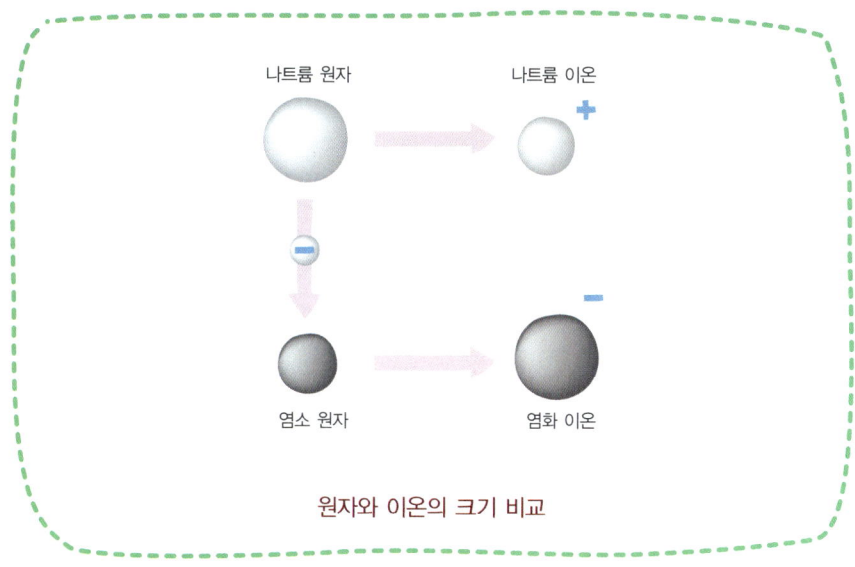

원자와 이온의 크기 비교

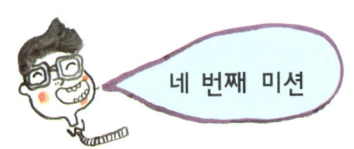

네 번째 미션

소금물이 전기가 통하는 이유를 찾아라

나는 궁금해질 수밖에 없었어. 과연 나트륨 원자와 염화 원자가 어떤 모습으로 결합하고 있는지, 어떻게 결합해서 이렇게 단단한 소금(염화나트륨)이 되는지 알고 싶었어.

그래서 선생님께 염화나트륨의 모양을 보고 싶다고 했지. 역시 신난다 선생님은 대단한 분이셨어. 마치 그런 질문이 나올 것이라고 예상이라도 한 듯 조금도 망설이지 않고 화면에 그림을 올리셨거든.

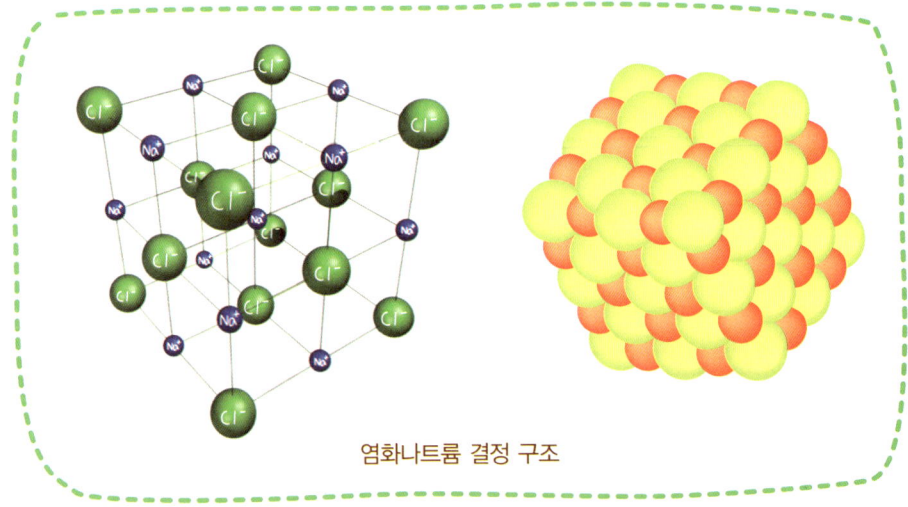

염화나트륨 결정 구조

"이것이 바로 염화나트륨의 결정 구조야. 염화나트륨의 결정은 직육면체 모양이야. 자세히 살펴봐. 염화 이온(Cl-)과 나트륨 이온(Na+)이 서로 번갈아 가며 정렬돼 있어. 1개의 나트륨 이온 주위에는 6개의 염화 이온이 에워싸고 있고, 1개의 염화 이온 주위에도 또한 6개의 나트륨 이온이 에워싸고 있어. 그래서 염화나트륨의 결정은 직육면체 모양인 거야."

우리는 고개를 끄덕였어.

"그러면 우리가 처음 했던 실험으로 돌아가 보자. 순수한 물에는 전기가 통하지 않는데, 정제수에 소금을 녹이면 전류가 통하는 이유는 뭘까?"

선생님의 질문이 다시 시작되었어. 질문이 지겨울 법도 한데, 나도 그렇고 다른 아이들도 그렇고 말없이 생각에 빠졌어. 우리는 눈에 보이지 않는 원자의 세계에 깊이 빠져들었나 봐. 하지만 이번 질문만큼은 쉽지 않았지.

선생님은 뒷짐을 지고 우리 사이를 오가면서 중얼거리셨어.

"전자는 (-)전기를 띠고, 양성자는 (+)전기를 띠고…… 나트륨 이온은 (+)전기를 띠고, 염소 이온은 (-)전기를 띠고…… 염화나트륨은 전기가 안 통하지만, 물에 녹으면 전기가 통하고…… 염화나트륨이 물에 녹으면 어떻게 변하기에 전기가 통할까?"

그건 마치 우리에게 힌트를 주는 말 같았어. 내 머릿속으로 (−)전기의 이온과 (+)전기의 이온들이 마구 날아다니는 기분이었어.

"소금이 물에 녹으면 이온으로 변해서 전기가 통하는 게 아닐까요?"

예린이가 말했어.

"맞는 말이야. 하지만 그것만으로는 설명이 부족해."

선생님은 고개를 저으면서 다시 뒷짐을 지고 우리 주변을 도셨어. 우리 스스로 어떤 원리를 찾을 때까지 계속 기다리는 것 같았어.

"원자의 가장 바깥 껍질에 전자가 떨어져 나가거나 다른 전자가 붙을 수 있어. 우리는 이런 입자를 이온이라고 부르지. 이온은 그리스어로 '간다'라는 뜻이야. 왜 이온을 간다라고 불렀을까? 이온은 어디로 가는 것일까?"

선생님의 중얼거림은 계속됐어.

'간다고? 이온이 간다라는 뜻이라고?'

그때 번개 같은 생각이 내 머릿속을 스치고 지나갔어.

"알 것 같아요! 순수한 물에 소금이 녹으면 전기가 통하는 이유를 알 것 같아요!"

"그게 뭐지?"

나는 자리에서 벌떡 일어났어.

"소금이 물에 녹으면 원자는 이온

이 돼요. 전기를 통하게 하면 (+)전기를 띤 이온은 (−)극으로 가고, (−)전기를 띤 이온이 (+)극으로 향해 가요. 이온은 이동하기 때문에 간다라고 불렀던 거예요. 그래서 전기가 통하는 거예요."

선생님이 펄쩍 뛰면서 소리를 질렀어.

"맞았어! 이 문제를 풀어낸 어린이는 처음 봤어. 넌 정말 대단한 탐구력과 창의력을 가졌구나! 넌 정말 선생님을 신 나게 했어!"

나는 마치 내 몸이 전기에 감전이 된 것처럼 부르르 떨렸어.

수업이 끝났어도 심장은 계속 두근두근거렸어. 태어나서 이렇게 큰 칭찬을 받아 본 건 처음이었거든. 아이들이 모두 나만 쳐다보는 것 같았고, 특별한 사람이 된 기분이 들었어.

모두들 실험실을 다 빠져나간 뒤에도 나는 혼자 책상에 앉아 있었어. 선생님은 실험 도구를 정리하느라 몹시 바쁘게 움직이셨어. 나도 선생님을 도와 실험 도구를 정리했지.

"전 지금까지 전기를 싫어했어요."

난 조심스럽게 고백했어.

"왜?"

"제 머리를 이렇게 고슴도치처럼 만들었다고 생각했거든요. 그런데 오늘은 전기가 제게 새로운 기회를 준 것 같아요. 전기 덕분에 제가 창의력을 발휘했잖아요."

"오호! 그런 사연이 있었구나."

선생님은 관심 있는 표정으로 나를 쳐다보셨어.

"앞으로 전기를 싫어하지도, 두려워하지도 않겠어요. 열심히 연구해서 아무도 보지 못한 새로운 원자의 세계를 밝혀 보겠어요."

신난다 선생님은 다정한 손길로 내 머리를 쓰다듬어 주셨어. 난 가시 같은 내 머리카락이 무척 부드럽게 느껴졌어.

윤은기의 과학일기   년   월   일

원자와 이온

윤은기(대전, 산천초등학교 5학년)

이번 공부는 어려웠지만 정말 재미있었던 것 같다. 다음에도 이렇게 재미있는 것을 배우고 싶다. 생활 속에서도 원자와 이온에 대해 조사하고, 그것에 대해 책도 찾아 읽어 봐야겠다.

이번 수업에서 증류수에 소금을 녹이면 전기가 통하는 이유를 알아보고, 다른 물질을 물에 넣었을 때 녹는지 알아보기로 했다. 또한 이온의 움직임도 알아보기로 했다. 먼저 우리는 소금이 녹는 모습을 동영상으로 보았다. 동영상을 보니 소금은 물의 분자들이 서로 붙어서 녹는다는 것을 알았다. 우리 눈으로는 볼 수 없었지만 이런 게 된다는 것이 신기했다.

이 동영상을 보기 전에는 증류수에 소금이 왜 녹는지 잘 몰랐다. 이 동영상을 통해 양이온과 음이온으로 나누어지기 때문에 전기가 통한다는 것을 알았다. 그러면 소금 이외에도 다른 물질이 전기에 통할까? 역시 우리는 실험을 통해 증명했다. 식초, 황산구리, 락스를 증류수에 넣어 실험하려고 했는데, 식초는 냄새가 심해서 묽은 염산을 사용했다. 우리는 실험하기 전에 이렇게 예상했다. 묽은 염산 외에 나머지는 모두 전기가 흐를 거라고.

나는 친구와 같이 락스를 가지고 전기가 통하나 실험을 했는데 전기가 통했다. 다른 팀이 한 것도 보았는데 다 전기가 통했다. 그래서 내 예상이 틀렸다는 걸 알 수 있었다.

〈표로 나타내기〉

제목 / 종류	나의 예상
묽은 염산	×
황산구리	○
락스	○

제목 / 종류	실험 결과
묽은 염산	○
황산구리	○
락스	○

내 예상에서 묽은 염산이 틀림

실험 장치는 다음과 같이 설치했다.

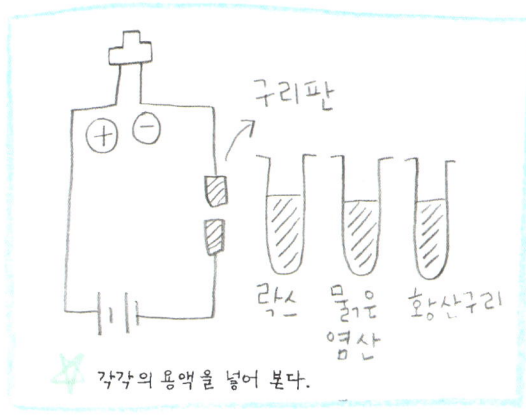

이렇게 실험을 하고 이온이라는 것에 대해 배웠는데 참 재미있었다.

〈이온 알아보기〉

이온은 그리스어로 '간다'는 뜻인데 전자를 잃거나 얻어서 전기를 띤 원자이다.
*양이온 : 원자가 전자를 잃은 경우를 양이온이라고 부른다. (+)전기를 띤다.
*음이온 : 원자가 전자를 얻은 경우를 음이온이라고 부른다. (−)전기를 띤다.

이번에는 이온의 움직임을 눈으로 확인하는 실험을 했다.

〈준비 과정〉

비커에 물 50mL를 넣는다.
한천 가루 1g과 황산나트륨 1g을 비커에 넣는다.
알코올램프로 가열하면서 한천 가루와 황산나트륨을 녹인다.

〈실험 방법〉

❶ 종이 한가운데에 선을 긋고 알루미늄 호일을 양쪽에 붙인다.
❷ 다 녹인 용액을 그릇에 넣는다.
❸ 젤리처럼 될 때까지 기다린다. 한가운데에 칼로 자른다.
❹ 칼로 자른 틈 사이로 염화구리와 과망간산칼륨을 넣는다.
❺ 직류 전원 장치의 (+)극과 (−)극을 알루미늄 호일 양끝에 연결한다.

우리는 실험 결과가 나올 때까지 기다렸다. 그동안 전류가 흐르면 어떻게 될지 예상했는데, 내 예상으로는 이동할 것이라고 생각했다. 실험을 해 보니 정말 이동했다.
(+)극으로 이동한 것은 과망간산 이온과 염화 이온이었고, (−)극으로 이동한 것은 칼륨 이온과 구리 이온이었다.

〈실험 결과〉

다른 아이들은 이것이 무슨 말인지 잘 파악 못했지만, 나는 조금 이해가 가는 것 같았다. 나는 더 알고 싶은 점이 생겼다. 그것은 바로 물 분자들이 어떻게 생겼을까 하는 것이다. 직접 내 눈으로 볼 수 있는 방법은 없을까? 너무 궁금하다.

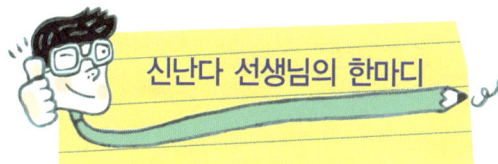

실험을 한 뒤 보고서를 쓰듯 과정을 적어 봐! 탐구력이 키워져!

은기의 과학일기를 보면 한 편의 보고서를 보는 듯하구나. 소금물에서 전기가 통하는 이유와 전기적 성질에 따라 양이온과 음이온으로 나누어지는 과정, 그리고 전기가 통할 때 양이온과 음이온의 이동 경로를 설명할 수 있게 잘 정리해 주었구나. 또 중간에 그림으로 자신의 생각을 표현하려고 노력했어.

실험을 하면서 궁금했던 점이나 자신의 생각을 솔직하게 표현해 줘서 너무 좋았어. 특히 실험을 하면서 어떻게 될지 예상해 보는 과정이 과학일기에 잘 표현되었구나. 이러한 태도는 창의력을 키우고, 탐구력을 향상시키는 데 많은 도움이 돼. 앞으로도 계속 과학일기를 쓰면 논리력이 키워지고, 모든 상황을 제대로 해석할 수 있을 거야.

주현이의 좌충우돌 물질 이야기

산과 염기의 비밀을 알아내자

6장

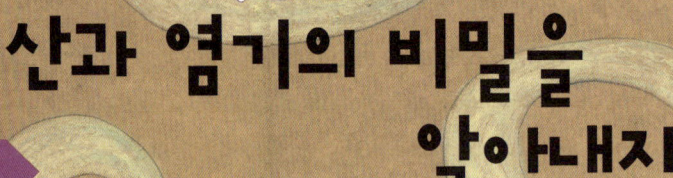

〈교과서 찾아보기〉
- 5학년 2학기 3. 용해와 용액
- 6학년 1학기 2. 산과 염기

〈탐구력 호기심〉
- 용액은 어떻게 분류할 수 있을까?
- 산과 염기가 만났을 때 어떤 현상이 일어날까?
- 산과 염기의 전기적 성질은 무엇일까?

예전에도 이런 난처한 적이 있었어. 그래도 그때는 집이라서 아빠가 해결해 주셨지. 하지만 이곳은 집이 아니라 과학 캠프잖아. 아빠를 부를 수도 없고, 그렇다고 내가 해결하지도 못해. 당장이라도 도망치고 싶은 기분이었어. 이런 꼴을 내가 좋아하는 수지가 보기라고 했다면, 아! 절망! 다시는 날 보려고 하지 않았을 거야. 처음에는 119를 부를까 생각했어. 선생님보다는 그래도 덜 창피할 거란 생각이 들었거든.

내 이름은 윤주현이야. 우리나라 남쪽에 있는 도시 창원에서 왔고, 5학년이지. 오늘도 나는 아침에 일어나자마자 변기 위에 앉았어. 큰일을 봐야 했으니까. 잠이 덜 깬 상태로 변기 위에 앉아 있는데 쓰레기통 위에 머리카락 뭉치가 보였어. 아마 청소하는 아주머니가 모아서 버렸나 봐. 나는 괜한 호기심이 생겨 나도 모르게 머리카락을 쥐었어. 한 움큼이나 되더라. 그리고 나서 별 생각없이 결과물 위에 머리카락 뭉치를 던져 넣어 버렸지. 그리고 물을 내렸는데…… 맙소사!

물이 내려가지 않는 거야! 내가 본 큰 덩어리는 뱀처럼 변기 안을 빙빙 돌았어. 당황한 나는 계속 물을 내렸어. 그런데 그럴수록 물은 점점 더 차오르고, 급기야 넘치기 시작한 거야. 그때 3학년인 우영이가 화장실로 들어왔어. 우영이는 변기와 뱀처럼 널름거리는 덩어리와 내 얼굴을 번갈아 보더니 창백한 얼굴로 소리쳤어.

"큰일이야! 큰일! 비상이야! 비상!"

우영이는 내가 말릴 사이도 없이 복도로 뛰어나가며 소리를 질렀어. 잠이 덜 깬 아이들이 부스스한 얼굴로 복도를 내다보았어. 우영이가 아이들에게 숨을 헐떡거리며 말했어.

"얘들아, 변기에서 누런 뱀이 나오려고 해! 큰일이야! 도망쳐야 해! 물이 넘치고 있어!"

얘가 지금 무슨 소리를 하는 거지, 하는 표정으로 아이들은 멀뚱하게 바라보았어.

"우리가 잠수함을 타고 있는 건 아니지? 물이 넘치다니 무슨 소리야?"

"누런 뱀은 또 뭐고?"

우영이는 다시 두 팔을 바람개비처럼 돌리면서 복도를 달려갔어. 나는 변기를 뚫는 것보다 우영이를 막는 게 더 급한 일처럼 보였어. 내가 자동차를 몰 수만 있다면 당장이라도 차를 몰고 도망쳤을 거야.

변기의 물은 이제 화장실에서 나와 복도까지 흐르기 시작했어. 뱀은 간신히 변기 안에 목을 걸고 있었어.

아이들이 화장실 쪽으로 모여들기 시작했어. 난 화장실 안으로 들어가 문을 걸어 잠갔어. 아이들에게 내 뱀을 절대 보이고 싶지 않았거든.

"문 열어! 누런 뱀이 어디 있는 거야!"

"너 때문에 과학 캠프가 물에 잠겼으면 좋겠어?"

아이들이 화장실 문을 두드리며 아우성쳤어. 난 울음이 터질 지경이었어. 난 문고리를 세게 잡고 문을 열지 않았어. 화장실 안에서 변기 물에 빠져 죽더라도 절대로 문을 열지 않으리라 마음먹었어. 그때 갑자기 아이들의 아우성 소리가 사라지고, 똑똑똑 문을 두드리는 소리가 났어.

"나야, 신난다 선생님이야. 그 안에 무슨 일이 일어났지?"

"……."

"숲 속에서 뱀이 들어왔니?"

"그게 아니라……."

"위험하지는 않아? 선생님이 해결해 줄게. 선생님만 믿어."

신난다 선생님의 목소리는 차분했어. 그 목소리는 마치 슈퍼히어로처럼 모든 문제를 해결해 줄 것 같았어.

"선생님만 들어오세요! 다른 아이들은 위험해요!"

내가 소리쳤어.

"알았다. 모두 뒤로 물러나! 선생님만 들어간다!"

난 조심스럽게 문을 열었어. 선생님께서 문틈 사이로 몸을 비집고 재빨리 들어왔어.

"앗! 이런!"

선생님께서 난처한 표정을 지었어.

난 얼굴을 들지 못했지.

"머리카락을 한 움큼 넣었는데 그만……."

"머리카락이라고?"

나는 새빨개진 얼굴로 고개를 끄덕였어. 선생님은 걱정 말라는 듯이 내 머리를 쓰다듬어 주셨어. 그리고 잠시 화장실 밖을 나갔다가 금방 다시 돌아오셨어. 선생님의 손에는 커다란 실험용 비커가 들려 있었어.

"이건 마법의 용액이야. 내가 방금 만들어 왔지. 네 뱀을 사라지게 해 줄 거야."

선생님은 변기 안의 물이 약간 빠지길 기다린 뒤, 비커 안의 액체를 변기 안에 쏟아 부었어. 하지만 변기 안에서는 아무런 현상이 일어나지 않았어. 대체 그 액체가 어떻게 막힌 변기를 뚫을 수 있다는 것인지 난 이해할 수 없었어.

"사람은 실수로 깨달음을 얻는 동물이야. 넌 오늘 중요한 과학의 원리를 깨닫게 될 거야."

선생님은 의미심장한 말씀을 던졌어. 그리고 우리는 화장실에서 나왔어. 선생님은 화장실 문을 잠그면서 안에 뱀이 있으니 절대 들어가지 말라고 경고했어. 나는 우영이에게 말하지 말라고 손가락으로 입을 가리켰지.

아침 식사를 하는 시간이었지만, 나는 걱정이 돼 밥이 넘어가지 않았어. 두 시간쯤 뒤에 선생님은 나를 불렀어. 그리고 문제의 화장실로 데려갔어. 그런데 화장실에는 놀라운 일이 일어난 거야! 언제 그런 사건이 있었냐는 듯이 모든 게 깨끗해져 있었어. 나는 내 마음까지 깨끗해진 것 같았어.

"어떻게 된 거예요? 어떻게 해결하셨어요?"

"마법의 용액을 사용했지. 선생님이 만든 마법의 용액으로 머리카락을 말끔히 녹여 버렸거든."

"선생님이 만들었다고요? 선생님은 마법사도 아니잖아요."

난 믿기지 않는 말투로 물었어.

"오늘은 마법의 용액 속에 숨은 과학의 원리를 알아봐야겠구나."

첫 번째 미션

용액을 어떻게 분류할 수 있을까?

우리는 하얀 가운을 입고 실험실에 모였어.

"오늘은 연금술사들이 만들던 마법의 용액을 알아보자구나. 연금술사는 옛날에 돌이나 철 따위로 금을 만들려고 하던 사람들이야."

연금술과 마법이라는 말에 아이들은 흥미로운 표정을 지었어.

"우선 용액을 만들고 분류하는 법을 배워야 해. 실험실에서 간단한 용액을 만들어 보자. 용액이란 용매 속에 용질이 녹아서 아주 잘 섞여 있는 것을 말해. 고체, 액체, 기체가 모두 용질이 될 수 있어. 용매는 보통 물인 경우가 많지만, 드물게는 알코올이나 아세톤 등의 다른 액체가 용매가 될 수도 있지. 이 표를 보렴."

용질	용매
소금(고체)	물
나프탈렌(고체)	아세톤
이산화탄소(기체)	물
에탄올(액체)	물

선생님은 실험대 위에 몇 가지 재료를 올려놓으셨어.

"용액을 만들 때 주의할 점이 있어. 약품이 맨손에 닿지 않도록 비닐장갑을 끼고, 실험복과 보안경도 반드시 착용해야 해. 실험한 뒤에는 반드시 손을 씻도록 해."

용액을 만들 수 있는 재료

우리는 고체 시약을 물에 녹여 용액을 만들었어. 물 100mL에 가루 1~2숟가락 정도를 넣어 저어 주었어.

"이제 용액을 분류하는 법을 배울 차례야. 용액을 분류할 수 있는 기준에는 무엇이 있을까?"

"색깔요."

은기가 제일 먼저 대답했어.

"전기가 통하는지 안 통하는지요."

주철이도 지지 않으려고 얼른 대답했어. 그렇지만 그 뒤에는 아무도 대답하지 못했지.

"용액을 분류하는 기준에는 여러 가지가 있어. '겉보기 성질'로 색깔, 투명도가 있고, '비중'으로 물보다 무거운지, 농도가 진한지를 알 수 있어. 또 포화할 때까지 얼마나

많이 녹는지 '용해도'로 분류할 수 있고, 전기가 통하는지 '전기 전도도'로 분류할 수 있지."

"물보다 무거운지는 어떻게 알아내요?"

예린이가 물었어. 생각해 보니, 다른 분류는 할 수 있는데 물보다 무거운지는 알기 어려울 것 같았어.

"비중계를 쓰면 돼."

선생님은 온도계처럼 생긴 실험 도구를 하나 꺼내 보여 주셨어.

우리는 정제수와 소금물을 차례로 비중계로 재어 보았어. 정제수는 1.0이 나왔고, 소금물은 1.04가 나왔어. 소금물이 정제수보다 더 무겁다는 뜻이지. 오렌지 주스와 콜라, 식초, 황산구리 등도 비중계로 재어 보았어. 그랬더니 모두 물보다 비중이 높게 나왔어. 우리는 확실한 결론을 내렸어.

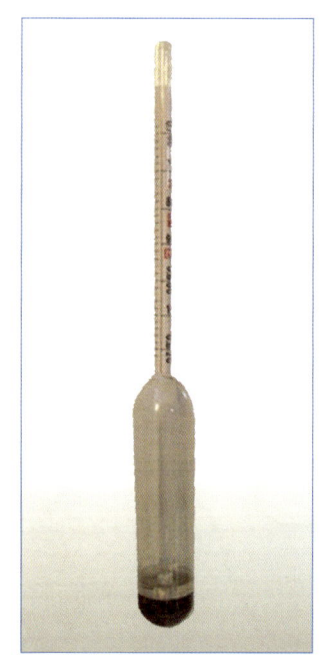

비중계

"물에 어떤 물질이 섞은 용액은 물보다 무거울 수밖에 없구나."

우리는 다른 분류법으로도 용액을 분류하고 관찰 노트에 기록했어.

분류 기준 / 용액	겉보기 성질		비중	전기 전도도 (버저 이용)
	색깔	투명도		
소금물(염화 나트륨 수용액)	무색	투명	1.04	소리 남
황산구리 수용액	하늘색	투명	1.04	소리 남
염화칼륨 수용액	무색	투명	1.03	소리 남
주방용 세제 (조이)	연한 노란색	약간 투명	1.04	소리 남
오렌지 주스 (고칼슘 오렌지)	주황색	불투명	1.06	소리 안 남
콜라 (코카 콜라)	흑갈색	불투명	1.05	소리 안 남
식초 (사과 식초)	약간 노란색	투명	1.02	소리 안 남
락스 (유한락스)	무색	투명	1.08	소리 남
정제수(대조하기 위해 사용)	무색	투명	1.0	소리 안 남

두 번째 미션

산과 염기는 어떻게 다를까?

"선생님, 연금술사 이야기를 더 해 주세요."

주현이가 선생님께 말했어. 마음씨 좋은 신난다 선생님은 거절하지 않았어.

"중세의 연금술사들은 산과 염기를 많이 썼어. 실험을 하면서 여러 약품을 사용했는데 신맛이 나는 약품이 여러 개 있다는 걸 알게 됐지. 이 물질을 라틴어로 '시다'라는 뜻으로 산이라고 불렀어. 그렇게 산이란 말이 생긴 거야."

"염기는 누가 만든 말이에요?"

현수의 질문에 선생님은 계속 설명했어.

"염기도 연금술사가 만든 말이야. 아랍의 연금술사인 알라지(845~930)는 금속을 액체로 녹일 수 있다고 했어. 그 당시 사람들에게 단단한 금속을 액체로 녹인다는 건 놀라운 발견이었지. 알라지가 사용한 액체는 식초와 레몬즙 등이었어. 이 액체들은 신맛이 나는 산이지. 또 알라지는 식물을 태우고 남은 재를 산에 넣자 반응이 일어난다는 걸 발견했어. 식물을 태우고 남은 재라는 뜻을 아랍어로 알칼리라고 해. 그래서 알칼리라는 말이 생긴 거야."

"알칼리가 우리말로 염기지요?"

"그래. 산과 알칼리는 모두 다른 물질과 반응을 잘해서 연금술사의 실험실에서 자주 쓰였지."

"산과 알칼리는 어떻게 구분해 내요? 꼭 맛을 봐야만 하나요?"

"강한 산과 알칼리는 위험하니까 맛을 보거나 만지면 안 돼. 리트머스라는 걸 이용하면 금방 알 수 있지."

선생님은 푸른색과 붉은색의 작은 종이를 들어 보였어.

"이것이 리트머스 종이라는 거야. 산과 염기를 알아내는 시험지지. 이 시험지는 참으로 우연한 실수로 만들어 냈어. 17세기의 과학자 보일(1627~1691)은 어느 날 실험에 사용하던 약품을 꽃잎에 떨어뜨리는 실수를 하게 되었어. 그때 마침 약품이 떨어진 부분의 꽃잎 색이 변한다는 것을 발견했지. 보일은 이 우연한 발견을 그냥 지나치

지 않고 계속 실험을 했어. 그래서 여러 가지 식물의 색을 변하게 만드는 약품이 있다는 것을 찾아냈지. 보일이 실험에 사용한 식물 중에는 리트머스 이끼도 있었어. 산은 푸른색 리트머스 즙을 붉게 변하게 만들었어. 그 뒤 리트머스에 여러 가지 염기를 떨어뜨려 보았더니 산과는 반대로 붉은 리트머스를 푸른색으로 변하게 만들었지."

"붉은 리트머스와 푸른 리트머스는 어떻게 만들어요?"

선생님은 실험실에 진열돼 있는 작은 유리병을 들어 보였어.

"이게 리트머스 용액이야. 지중해 연안에서 자라는 리트머스라는 이끼의 액즙이지. 이 리트머스 액즙에 아주 작은 양의 염산이나 암모니아수를 적시면 붉은색과 푸른색 용액이 돼. 그 용액을 각각 흰 종이에 묻혀서 그늘에 말리면 붉은색 리트머스와 푸른색 리트머스 종이가 되는 거야."

선생님은 한 장의 그림을 화면으로 보여 주셨어.

"이건 우리나라에서 만든 잿물이라는 염기야. 우리나라에서는 오래전부터 식물 특히 지푸라기를 태워 나온 재를 물에 녹인 잿물로 빨래를 했어. 잿물로 빨래를 하면 옷에 묻은 기름때가 잘 빠졌거든. 잿물을 손으로 만지면 미끈거렸지. 이 잿물이 바로 염기야. 염기는 단백질을 녹이는 성질이 있어서 세제로 사용할 수 있었던 거지."

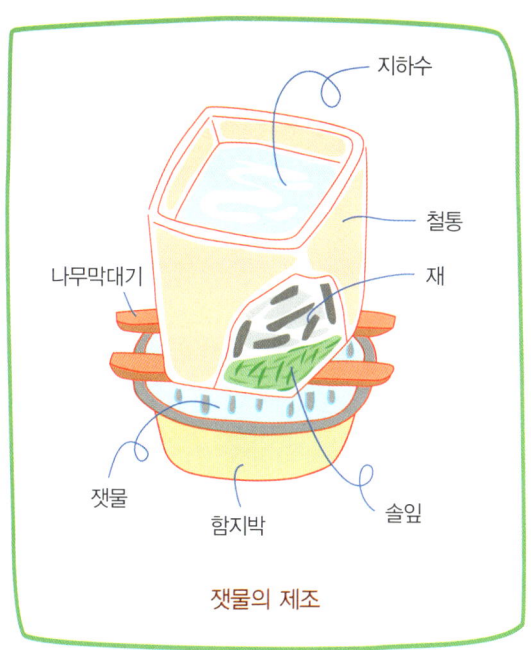

잿물의 제조

"염기하고 염은 어떻게 다른 거예요?"

"염은 소금과 같은 고체야. 염을 만드는 기초 물질이라는 뜻으로 염기라고 하지. 18세기 들어 공업이 발달하자 염이 많이 필요하게 되었어. 그래서 염을 만드는 데 필요한 기초 물질로 염기(알칼리)를 많이 사용했지. 염기가 염을 만드는 기초 물질이 되는 이유는 염기가 산과 반응하여 염을 생성하는 물질이기 때문이야."

선생님의 설명은 조금 어려웠지만, 우리는 공책에 열심히 적었어. 나중에 읽어 보면 이해가 될지도 모르니까.

선생님은 또 한 장의 사진을 보여 주셨어.

"어? 조각상이 녹아 버렸어요!"

"조각상을 비누로 만들었나요? 왜 녹아 버렸지요?"

"얼굴이 없어지니까 괴물 같아요."

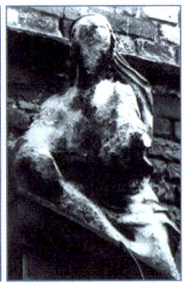

산성비로 부식된 조각상(전과 후)

아이들이 두런두런 떠들었어.

"이렇게 만든 건 바로 산성비야."

선생님이 단호한 목소리로 말씀하셨어.

"산성비라니요?"

"오래전부터 대리석은 조각품을 만드는 데 많이 사용되었어. 그런데 요즘 들어 이런 대리석 문화재들이 녹아내리고 있어. 이유가 뭔지 아니? 과학자들은 그 이유 중 하나로 산성비를 꼽고 있어. 대리석 조각품뿐 아니라 철로 만든 건물이나 탑의 겉 부분이 부석부석하게 변하는 경우도 있는데, 이것도 산성비가 원인일 것이라고 생각하고 있어."

"비가 왜 산성이에요?"

"원래 자연 상태에서도 비는 약산성이야. 대기 중에 녹아 있는 이산화탄소와 질소 산화물이 물 분자와 결합하기 때문이지. 그런데 산성비라는 말은 보통 비보다 수소 이온 농도가 훨씬 짙다는 것을 뜻해. 산성비가 생기는 이유는 자동차 배기가스나 화력 발전소에서 나오는 배기 물질(아황산가스나 질소산화물 등)이 비나 구름에 녹아서 생기는 거야. 그래서 산성비는 금속과 대리석 등을 부식시키고, 토양이나 호수 등도 산성화시켜서 자연환경을 오염시키지."

"결국 사람들이 환경 오염을 시켜서 산성비가 내리는 거구나."

세 번째 미션

산과 염기의 특징을 알아보자

"이번에는 우리가 연금술사가 될 차례로구나."

신난다 선생님은 우리를 실험대 쪽으로 모이게 했어.

"이제부터 여러 가지 용액을 산과 염기로 분류하여 보자. 그러자면 산과 염기의 성질을 먼저 알아야겠지?"

산의 성질	염기의 성질
- 시다. - 금속을 녹인다. - 자극성이 있다. - 식초, 레몬즙이 산에 포함된다. - 푸른 리트머스의 색을 붉게 변하게 한다. - 탄산칼슘(대리석)과 만나면 기포가 발생한다(녹인다).	- 쓰다. - 기름을 녹인다. - 손에 닿으면 미끈거린다(피부의 단백질을 녹인다). - 염을 만드는 데 필요하다. - 붉은 리트머스를 푸른색으로 변하게 한다.

"산성인지 염기성인지 알아볼 때 맛을 보거나 손으로 용액을 만져 볼 수는 없어. 위험하니까. 하지만 금속이나 대리석을 넣어 볼 수는 있어. 금속으로는 마그네슘 리본을 넣으면 되고, 대리석 대신에 대리석과 성분이 같은 분필을 사용하면 돼. 또 지시약을 사용해도 돼."

"지시약이 뭐예요?"

"지시약이란 어떤 용액이 산성인지 염기성인지 알아보기 위해 사용하는 물질이야."

"리트머스 종이 같은 거요?"

"그렇지. 산성과 염기성을 알아보기 쉬운 지시약은 리트머스 종이야."

선생님은 몇 가지 실험을 보여 주셨어. 위험한 실험이라 우리는 관찰만 했어. 선생님의 실험 결과는 놀라웠어! 마치 중세 시대의 연금술사 같았지.

선생님은 먼저 수산화나트륨 용액에 머리카락을 넣었어. 그리고 3분 정도 지나자 머리카락이 끊어지면서 녹아 버렸어. 선생님은 이번에는 식물의 잎을 넣었어. 그러자 이파리는 모두 녹아 버리고 잎맥만 남았지. 마치 해골처럼 말이야.

"우와! 뼈만 남았어! 우와!"

우리는 놀라서 입을 다물지 못했어.

"이런 방법으로 잎맥의 표본을 만드는 거야. 수산화나트륨 용액은 염기성이야. 그래서 머리카락 같은 단백질을 녹여 버리는 거야."

그 말은 듣는 순간, 내 머릿속으로 한 줄기 빛 같은 생각이 스치고 지나갔어. 변기를 막은 머리카락을 녹인 마법의 액체가 혹시 저 염기성 액체가 아닐까, 하는 생각이 들었지. 하지만 그 자리에서 물어볼 수는 없었어.

선생님은 우리에게 리트머스 종이를 나눠 주셨어. 그리고 그 종이를 여러 가지 액체에 담가서 염기성 액체인지, 산성 액체인지 분류해 보라고 했어. 나는 현수와 한 팀을 이뤄서 실험을 하기 시작했어.

주방용 세제와 락스, 소금물, 정제수, 오렌지 주스, 콜라, 식초, 황산구리 수용액, 염화칼륨 수용액 등을 놓고 우리는 리트머스 종이를 한 장씩 넣어 보았어.

주방용 세제와 락스에 넣은 붉은색 리트머스 종이는 푸르게 변했어. 황산구리 수용액과 오렌지 주스, 콜라, 식초에 넣은 푸른색 리트머스 종이는 붉게 변했지. 그리고 소금물, 염화칼륨 수용액, 정제수에 넣은 리트머스 종이는 푸른색으로도 붉은색으로도 변하지 않았어.

"붉은색 리트머스 종이를 푸르게 변하게 하는 건 무슨 물질이랬지?"

현수가 내게 물었어.

"염기성."

"그러면 주방용 세제와 락스는 염기성이 분명해. 그리고 황산구리 수용액, 오렌지 주스, 콜라, 식초는 산성일 거야."

"그러면 아무 변화도 없는 것은 뭐지?"

우리는 서로 대답을 못하고 얼굴만 바라보았어. 선생님께서 그런 우리 모습을 보았는지 "산성도, 염기성도 나타내지 않는 것은 중성이라고 해."라고 가르쳐 주셨어.

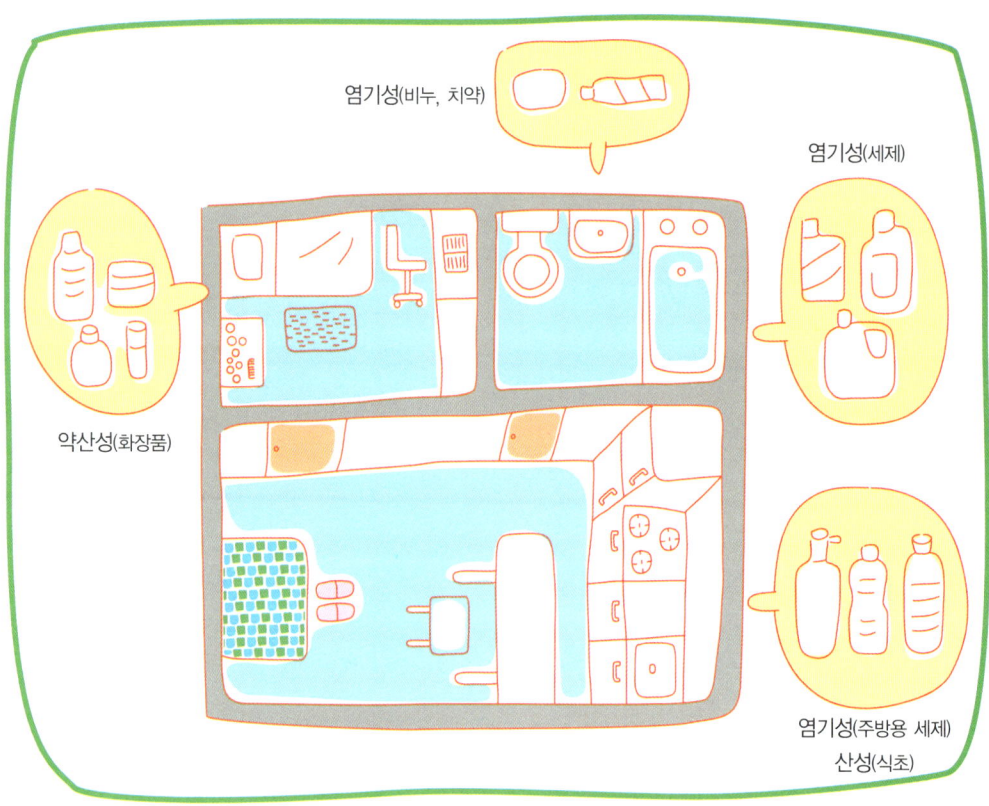

"리트머스가 없어도 집에서 산과 염기를 찾을 수 있겠니?"

선생님이 우리를 향해 물으셨어.

그럴 것도 같고, 아닌 것도 같아서 선뜻 대답하지 못했어.

"산은 맛으로 느끼기 때문에 음식 중에서 찾기가 쉬울 것 같아요. 김치, 요구르트, 식초 등이 산일 것 같아요."

승현이의 말에 선생님이 칭찬해 주셨어.

"잘했어. 염기는 어떻게 찾을 수 있을까?"

"만져서 끈적거리면 염기가 아닐까요?"

"끈적거리는 것만으로는 염기인지 확실하게 알 수 없어. 끈적거리는 것이 손의 단백질을 녹였기 때문인지 아니면 원래 그 용액이 끈적거리기 때문이지 알 수 없거든. 물론 맛을 보면 알 수는 있지. 주방용 세제나 비누, 샴푸 등은 쓴맛이 나. 하지만 절대로 먹지는 마."

"쓴맛이 나는 음식도 염기인가요? 한약 같은 거요."

은기의 질문에 아이들이 와하하 웃었어. 그런데 선생님은 "물론이지." 하고 고개를 끄덕이셨어.

"쓴맛이 나는 씀바귀, 도라지, 한약 등도 실험하면 염기로 나타나."

현수와 나는 실험 결과를 이렇게 정리했어.

분류 기준	산	염기
맛	시다.	쓰다.
촉감	별 다른 촉감은 없다.	미끈거린다.
탄산칼슘과의 반응	탄산칼슘을 녹인다. 이때 기포가 나온다.	반응이 없다.
금속과의 반응	금속을 녹인다. 이때 기포가 나온다.	녹이지 않는다.
지시약의 색깔 변화 (리트머스 종이)	푸른색→붉은색	붉은색→푸른색

산과 염기가 만나면 어떤 일이 일어날까?

어느새 실험실에는 오후의 햇살이 비치고 있었어. 우리는 시간이 가는 줄도 모르고 실험에 몰두하고 있었나 봐.

"오늘의 마지막 실험을 할 차례구나. 산성 용액과 염기성 용액이 만나면 어떤 반응이 일어나는지 알아보는 거야."

하얀 가운을 입고, 보안경을 쓴 우리는 마치 꼬마 화학자처럼 바쁘게 실험대 주변을 움직였어. 우리가 사용할 산은 묽은 염산이었고, 염기는 수산화나트륨 수용액이었어. 그런데 간단할 줄 알았던 실험이 그렇지 않았어. 두 액체를 그냥 섞으면 될 줄 알았는데, 선생님은 우리에게 다른 것을 요구했어.

"어떠한 방법으로 관찰하면 될까? 어떤 방법으로 관찰하면 산과 염기가 만나 서서히 변화하는 과정을 볼 수 있을까?"

선생님께서 우리에게 물었어. 이것이 바로 창의력을 요구하는 실험인가 봐. 나는 보안경을 매만지면서 생각에 빠졌어.

"혹시 한 방울씩 천천히 섞으면 안 될까요?"

내가 조심스럽게 입을 열었어.

"어떻게 하자고?"

"그러니까 제 생각에는요, 염산을 비커에 넣고, 여기에 수산화나트륨을 한 방울씩 천천히 떨어뜨리는 거예요. 그러면 서서히 변화하는 과정을 관찰할 수 있을 것 같아요."

"오호! 그렇지! 주현이가 선생님을 신 나게 하는구나! 신, 난, 다, 신, 나!"

선생님은 내가 한 제안을 그대로 받아들였어. 우리는 염산 10mL를 비커에 넣고 여기에 수산화나트륨 1mL씩 떨어뜨렸어. 그리고 그때마다 pH 시험지를 이용하여 pH 값을 재어 보았어.

처음에는 산성인 용액이 염기를 넣을수록 묽은 산이 되는 것을 관찰할 수 있었어. 그런데 어느 정도 염기를 넣자 산성의 성질을 완전히 잃어버리고 중성으로 변했어.

"산과 염기가 만나면 중성이 되나 봐!"

우리는 놀란 목소리로 말했어. 실험은 거기에 그치지 않았어. 우리는 계속 염기를 넣었어.

"이젠 아예 염기성이 됐어! 산성은 아예 사라졌나 봐!"

우리는 신기해서 비커를 한참이나 들여다보았어.

"염기성이 산성의 성질을 약하게 만드는 걸까?"

우리는 이번에는 거꾸로 실험을 하기 시작했어. 염기성인 수산화나트륨을 비커에 넣고, 염산을 한 방울씩 떨어뜨렸지. 그러자 실험 결과도 거꾸로 나왔어. 염기성이 점점 사라지더니 중성이 됐고, 나중에는 아예 산성으로 변해 버린 거야.

"산성도 염기성의 성질을 약하게 만드나 봐."

우리는 어리둥절한 표정을 지었어. 그때 선생님은 화면에 이런 그림을 올리셨어.

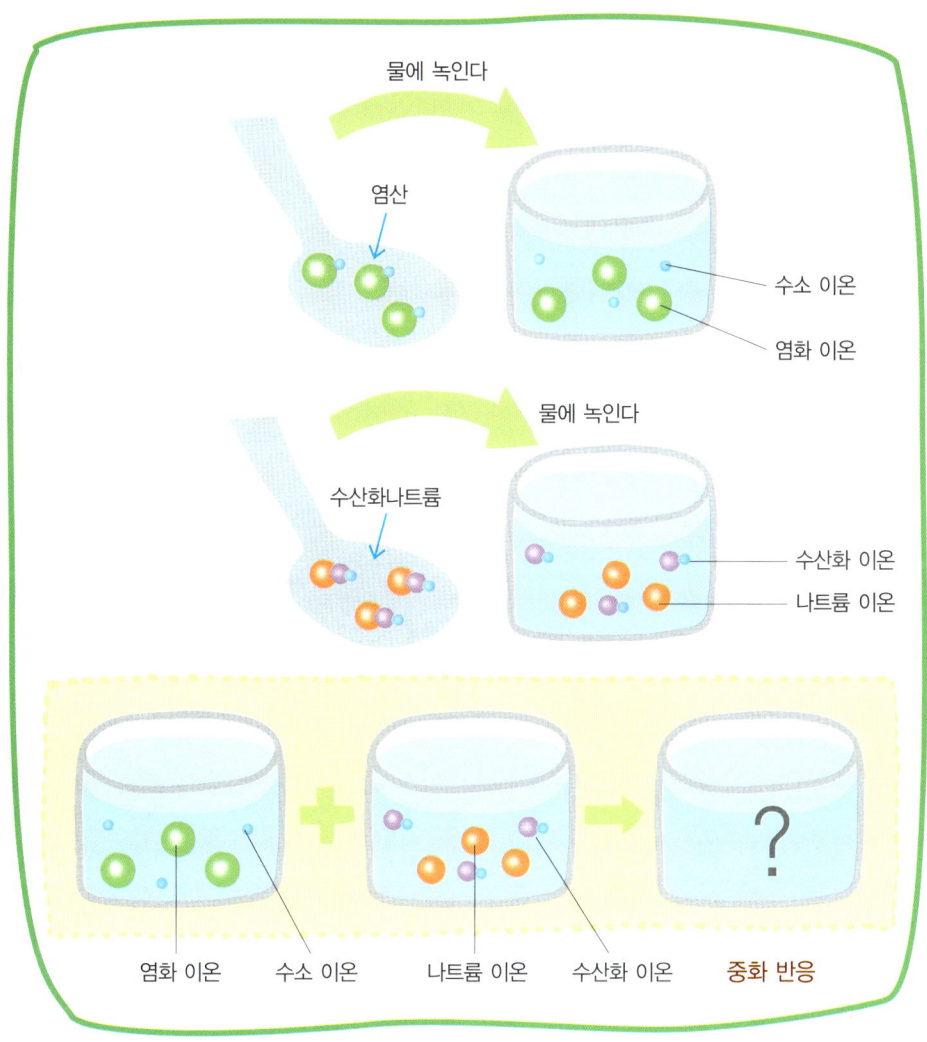

 "산과 염기가 만나면, 산성은 산성의 성질을 잃어버리고, 염기성은 염기의 성질을 잃어버려. 그래서 중성이 되지. 이런 반응을 중화 반응이라고 해."

"그러면 용액이 산성과 염기성 두 가지 성질을 동시에 가질 수 있나요?"

내가 물었어.

"그럴 수는 없어. 어떤 용액이든지 산성, 염기성 또는 중성 중에 한 가지야."

"중성이 된다는 건 그냥 물이 된다는 뜻인가요?"

"그래. 너희도 알겠지만 강산성은 엄청나게 위험한 물질이야. 금속도 녹일 만큼 강하지. 하지만 그런 강산성이라도 염기성을 만나면 그냥 물이 돼 버려. 너희가 실험을 해 본 것처럼 물은 중성이잖아."

"와!"

우리는 마치 연금술사의 마법을 본 것처럼 신기해했어.

"너희에게 마지막으로 놀라운 걸

보여 줄게. 지금 너희가 산성과 염기성을 섞으면 결국 무엇이 남는지 알게 될 거야."

선생님은 증발 접시 위에 용액을 쏟았어. 그 용액은 조금 전에 우리가 산성과 염기성을 섞어서 중화가 된 용액이었지. 선생님은 알코올램프로 가열해서 용액을 증발시키기 시작했어. 얼마쯤 지나자 하얀 고체가 남았어.

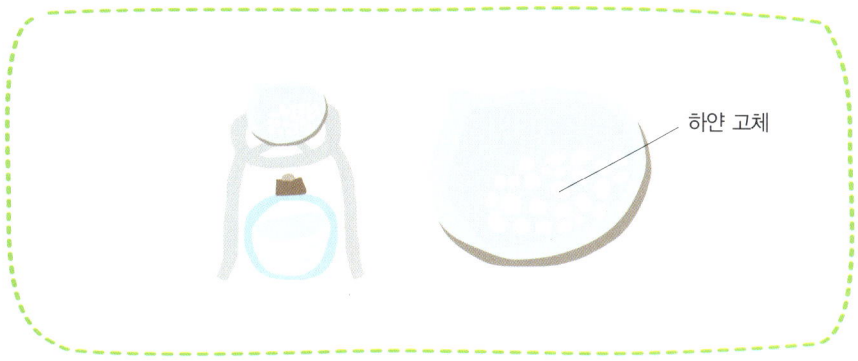

하얀 고체

"이 고체가 뭔지 아니?"

우리는 그 고체가 무엇인지 도무지 알 수 없었어. 내 눈에는 무척 위험한 물질처럼 보였어.

"이건 소금이야."

"소금이라고요?"

"그래. 평범한 소금이야. 염화나트륨이 만들어진 거야."

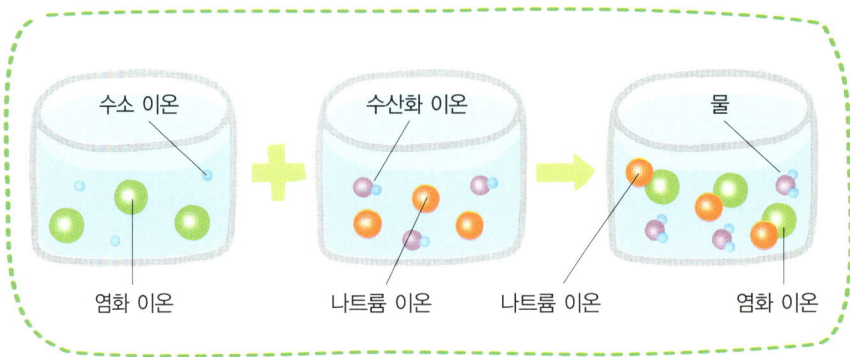

"우와!"

우리는 또 한 번 감탄을 터트렸어.

우리의 실험은 그렇게 끝났어. 아직 못다 배운 게 많고 궁금한 게 너무 많았지만, 밤새도록 실험을 할 수는 없었으니까.

친구들이 실험실을 나가다가 말고 선생님께 문득 물었어.

"아까 화장실의 뱀은 어떻게 됐어요? 화장실 가야 하는데……."

"그건 내가 마법의 액체로 녹여 버렸어. 그러니까 걱정 말고 가서 볼일 보렴."

아이들은 머리를 갸웃거리며 실험실을 나갔어.

아이들이 모두 나가고 난 후에야 나는 선생님께 다가가 작은 목소리로 말했어.

"아까 선생님이 무엇으로 막힌 변기를 녹였는지 알 것 같아요. 그

마법의 액체라는 것 말이에요."

"마법 액체의 비밀을 알아냈단 말이야?"

"예. 그건 수산화나트륨을 녹인 액체였지요? 수산화나트륨은 염기성이니까 단백질을 녹이잖아요. 그러니까 머리카락을 녹인 거고요."

선생님은 흐뭇하게 웃으면서 고개를 끄덕였어.

"네가 그걸 알아냈다니 선생님은 정말 신, 난, 다, 신, 나!"

"저도 신, 나, 요, 신, 나!"

우리는 사이좋은 친구처럼 서로 어깨동무를 했어. 과학은 우리가 곤란에 빠졌을 때 해결해 주는 힘도 있고, 우리를 행복하게 해 주는 힘이 있는 것 같아. 우리 선생님처럼 말이야.

윤주현의 과학일기   □년 □월 □일 ☀ ☁ ☂ ☃

산은 무엇이고, 염기는 무엇일까?

윤주현(경남 창원, 상남초등학교 5학년)

오늘은 산과 염기에 대해서 배우는 시간이었다.
제일 먼저 용액에 대해서 배웠다. 용액이란, 용매 속에 용질이 용해해 아주 잘 섞여 있는 것을 말한다. 용액은 색, 투명 정도, 비중 등 분류 기준은 많지만, 액체의 성질은 알 수 없다. 그래서 과학자들은 용액 분류 방법을 만들었다고 한다.
중세 시대의 연금술사들은 여러 약품으로 실험을 하다가 신맛이 나는 약품이 있다는 것을 알아냈다. 이 물질을 라틴어의 '시다' 라는 말에 따라 '산' 이라고 불렀다고 한다. 연금술사 가운데 알라지는 금속을 녹이는데 '자극성 액체'를 사용한다고 기록에 남겼다. 자극성 액체에는 식초, 레몬 즙 등이 있다. 또 알라지는 '알칼리' 를 발견했다고 기록되어 있다. 알칼리는 아랍어로 '식물을 태운 뒤 남은 재' 라는 말에서 비롯된 말이다. 산과 알칼리는 모두 다른 물질에 반응을 잘한다. 그래서 연금술사들에게 히트를 친 물질이다.
18세기에 들어서 공업이 발달하면서 '염'이 많이 중요하게 되었다. 염을 만드는 데 필요한 기초 물질로 알칼리가 많이 사용되었다. 사람들은 알칼리라는 말 대신에 염의 기초라는 뜻으로 '염기'라는 말을 사용하게 됐다.

공부한 내용과 연결된 여러 가지 내용들을 정리하면 일기가 돋보일 거야!

산과 염기성을 알았으니 산성 물질에 대해 알아보자.

〈산성의 종류〉

*  신맛을 내는 대부분의 것들이 산성이다. 생선의 비린내를 중화시키는 레몬도 산성이다.

* 우리가 마시는 탄산음료의 대부분은 산성이다.

* 위에 있는 위액도 산성에 속해 있다.

* 산성비는 이름만 산성비이지 그렇게 위험한 것은 아니다. (단지 대머리는 위험!) 산성비는 토양과 호수를 산성화시키고, 각종 건물을 부식시키는 등 많은 피해를 입힌다. 그래서 우리는 산성비가 내리지 않도록 환경 오염을 막아야 한다.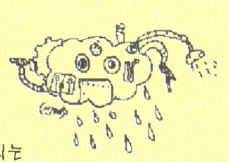

신난다 선생님의 한마디

주현아, 어려운 과학적인 내용을 잘 정리했구나.

예전에 배웠던 내용을 돌이켜 보면서, 연결하여 정리하는 과정이 돋보이는구나. 또한 산성과 염기성에 대한 내용을 그림으로 재미있게 표현하여 복습 효과도 가질 수 있었을 거야. 산성비가 평소 막연하게 위험하다고만 알고 있던 것을 수업을 통해 바르게 배웠구나.

앞으로 과학일기를 쓸 때 남들이 생각하지 못한 창의적인 생각도 함께 표현해 보렴.

선생님이 기대해 볼게.

신난다 선생님의 과학일기 특강

과학일기를 재미있게 쓰려면 어떻게 해야 할까?

글을 쓴다는 건 쉬운 일은 아니야. 일기 쓰기도 마찬가지지. 쉽게 술술 써지지는 않을 거야. 일기 쓰기도 어려운데 과학일기 쓰는 건 더 어렵겠지. 너희 마음을 이해해. 그래서 내가 과학일기를 재미있게 쓰는 방법을 알려 주려는 거잖아. 과학일기를 날마다 같은 형식으로 쓰면 금세 질리고 재미가 없어져. 그렇게 쓰면 며칠 일기를 쓰지 못하고 포기하게 돼. 과학일기는 반드시 글로 쓰는 게 아니야. 다른 방법이 얼마든지 많아. 너희가 좋아하는 만화로 그릴 수도 있고, 마인드맵으로 표현할 수도 있고, 좋아하는 어떤 사람에게 편지로 쓸 수도 있어.

편지 일기

자기의 생각을 친구와 주고받는 내용, 선생님과 과학적으로 통하는 마음을 가져서 원리의 이해와 사고력을 높여 줘.

만화 일기

만화를 싫어하는 사람은 없어. 만화가가 되어 봐. 재미있는 주인공도 그리고, 재미있는 사건도 만들어 봐. 친구들한테 보여 주면 배를 잡고 웃을 거야. 상상만 해도 신 나지?

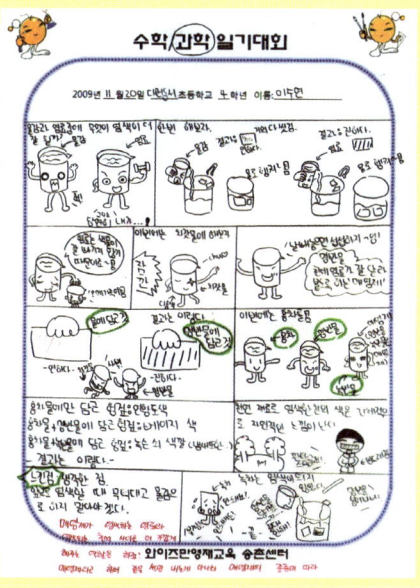

신문 일기

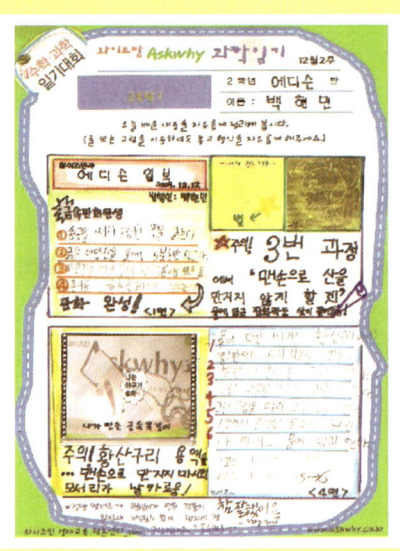

기자가 되어 보는 거야. 그래서 공부했던 과학을 취재하는 거지. 사건 현장으로 출동! 냉철한 머리와 판단력으로 과학을 분석하고 논리적으로 정리해 봐. 사진을 붙여도 되고, 그림을 그려 넣어도 돼.

마인드맵 일기

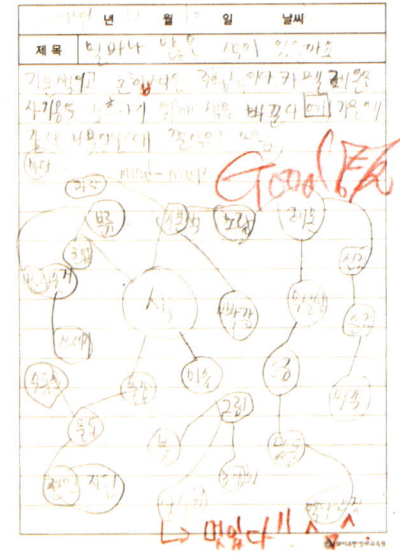

알고 있는 과학 상식과 현실 속에서의 과학 경험을 마인드맵 형식을 통해 그림이나 글(수식 포함)로 표현해서 창의적인 사고를 이끌어 낼 수 있어.

탐구 일기

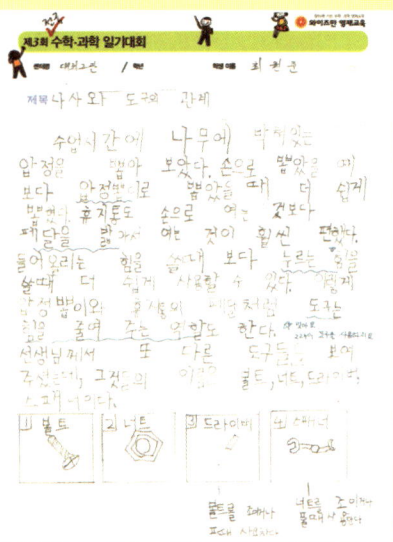

생활 속에 숨어 있는 과학 원리를 직접 탐구해 보고, 그 과정 및 결과를 창의적으로 표현하는 일기야.

관찰 일기

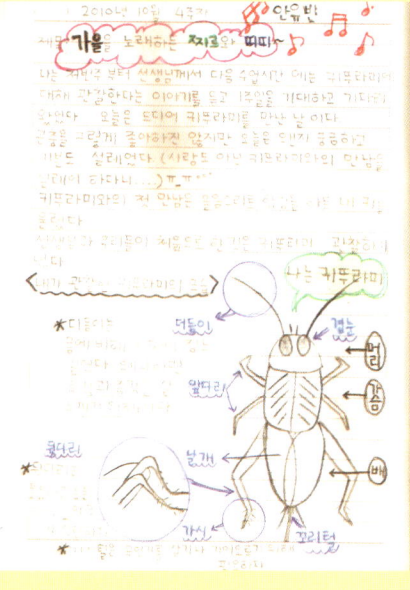

자세하게 관찰하고, 이해하고, 느낀 점을 정리해서 쓰는 일기야. 관찰 일기 중에 대표적인 것이 자연 관찰 일기야. 동물, 곤충, 식물, 자연 현상 등 우리를 둘러싼 자연 세계를 관찰해서 쓴 일기지.

실험 일기

과학에서는 실험을 많이 하게 돼. 처음에는 어떻게 실험을 해야 할지 구상을 해. 실험 일기는 이 구상 단계부터 실험을 하는 과정, 그리고 실험 결과까지 꼼꼼하게 정리하는 일기야.

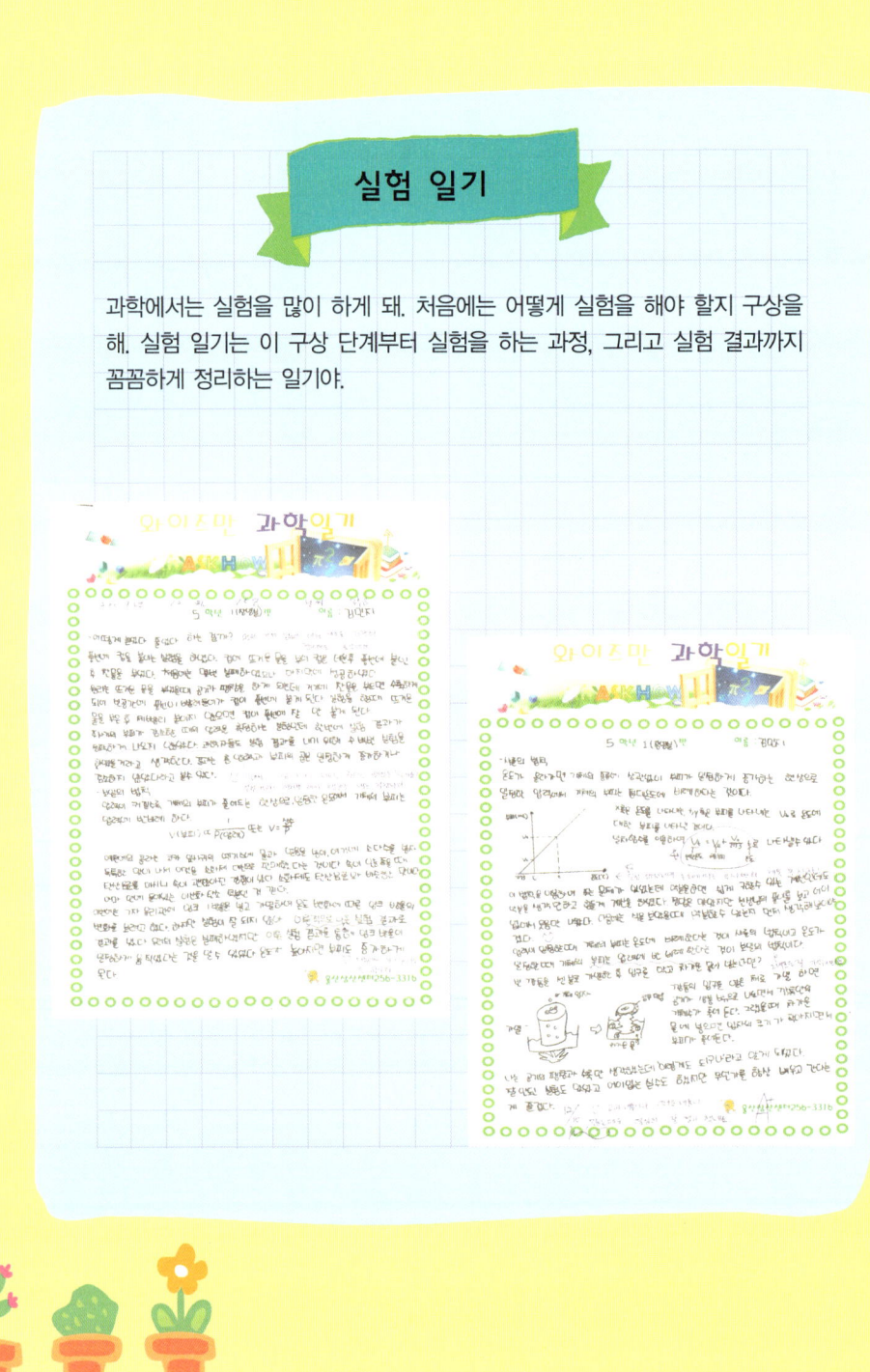

탐구 보고서

탐구 보고서는 말 그대로 과학을 탐구하고 보고서 형태로 쓰는 거야. 일기와는 형식이 조금 달라. 탐구 보고서에는 갖춰야 할 양식이 있어. 탐구 주제 정하기, 탐구 활동의 동기, 탐구 목표, 탐구 방법, 탐구 결론, 그리고 의문점이나 더 탐구해 보고 싶은 점 등을 작성해야 하지.

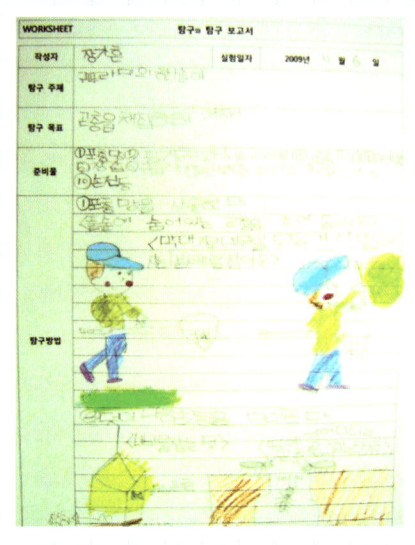
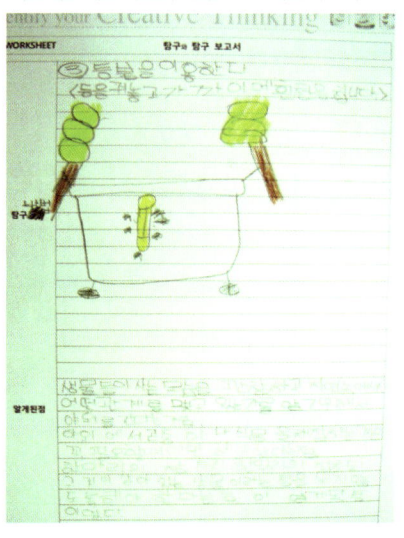

친구들의 과학 생각
탐구력 과학은 ○○이다

누군가의 꿈을 위한 지름길이다.
김수연

미래의 길잡이다.
강은형

지식과 깨달음을 주는 우주이다.
이유정

어린이들에게 꿈을 주는 산타이다.
이승헌

우리나라 인재들의 위대한 탄생이다.
강민경

지구를 위한 길이다.
이재림

생각이 싹트는 씨앗과 같다.
김시현

지식의 보따리이다.
김승환

도전과 창조이다.
김민서

쑥쑥 빨려드는 블랙홀이다.
장유성

이 글들은 전국 와이즈만 센터 회원들이 보내온 공모글들 중에서 선정한 것들입니다. 회원들의 이름만 밝힘을 알려드립니다.